Cómo encontrar su pareja ideal

por
Russ Michael

Prólogo de
Gustavo Nieto Roa

CÓMO ENCONTRAR SU PAREJA IDEAL
Libro original: Finding Mr. or Mrs. Right
© Russ Michael
Austria, Europe

Editado por
© Centauro Prosperar Editorial Ltda.
Calle 39 No. 28-20
Teléfonos: (57-1) 368 4938 - 368 4932
Fax: 368 1862
www.prosperar.com
E-mail marybel@prosperar.com
Bogotá, D.C., Colombia

Primera edición: septiembre de 2000
Segunda edición: noviembre de 2001

ISBN: 958-96896-0-4

Traducción:	Ricardo Cifuentes C.
Coordinación:	Marybel Arias García
Artes:	Marlene B. Zamora C.
Carátula:	Centauro Internet www.centaurointrenet.com
Corrección:	Hernán Mora
Fotomecánica:	Fotolaser
Impresión:	Lito Esfera Ltda

Made in Colombia.

Dedicado a mi bella y exquisita
PAREJA IDEAL, MARÍA.
Y a nuestro hijo de 6 años,
John Mathew Michael…

Contenido

Prólogo 9

Introducción 11

Capítulo 1 - La búsqueda por el hombre ideal 13

Capítulo 2 - La búsqueda de la mujer ideal 17

Capítulo 3 - ¿Hay un hombre o una mujer ideal? 21

Capítulo 4 - ¿Hay más de una pareja ideal? 25

Capítulo 5 - Dos ondas de luz que pasan en la noche 31

Capítulo 6 - Alguien especial lo quiere 35

Capítulo 7 - Soltando las relaciones que aferramos 39

Capítulo 8 - Su sensualidad contra su sexualidad 43

Capítulo 9 - Sexualidad y feromonas 47

Capítulo 10 - ¿Es el sexo bueno? 53

Capítulo 11 - Todos tenemos un impulso sexual 57

Capítulo 12 - ¿Qué le hace atractivo y por qué? 61

Capítulo 13 - La vida es un juego espiritual 67

Capítulo 14 - El juego de las carencias 73

Capítulo 15 - El juego de la abundacia 77

Capítulo 16 - El juego de una vida sin amor 81

Capítulo 17 - Conozca su juego 85

Capítulo 18 - Aprenda a amar su precioso cuerpo 89

Capítulo 19 - La emoción de las relaciones abusivas 97

Capítulo 20 - Sus genes lo pueden ayudar en su vida amorosa   103

Capítulo 21 - ¿Qué clase de tipo genético seleccionó usted? 107

Capítulo 22 - Explorando su código genético 111

Capítulo 23 - Tres generaciones de amantes 115

Capítulo 24 - Tres generaciones de perdedores 119

Capítulo 25 - Generar una carga eléctrica "yo estoy disponible" 123

Capítulo 26 - Desarrollando su poder mental 131

Capítulo 27 - Su necesidad básica por autovalidación 139

Capítulo 28 - Usted es mucho más grande que su cuerpo 143

Capítulo 29 - Su necesidad primitiva de compartir 147

Capítulo 30 - Usted crea su realidad diaria 151

Capítulo 31 - El galanteo comienza al primer contacto 155

Capítulo 32 - ¿Está usted listo para el Sr. o la Sra. Pareja Ideal? 159

Capítulo 33 - La comezón del séptimo año 163

Capítulo 34 - ¿Por qué aceptar menos que un compañero
perfecto? 167

Capítulo 35 - La vulnerabilidad y la intimidad deben
ser cultivadas 171

Capítulo 36 - El Sr. o la Sra. Pareja Ideal es una imagen
exacta de usted en el espejo 177

Capítulo 37 - Tenga un igual 183

Capítulo 38 - Su matrimonio soñado es posible 187

Capítulo 39 - Hay más de un Sr. o Sra. Pareja Ideal 191

Apéndice 193

Bibliografía 195

Otros libros del DR. Russ Michael 197

Prólogo

Todos queremos encontrar la pareja ideal, ya que la prosperidad que anhelamos se da mucho más fácil cuando se busca en pareja. La razón principal es que ya no es sólo una persona la que piensa sino dos, y cuando dos pensamientos son los mismos y se comparten con sentimientos de amor, éstos se fortalecen y se proyectan en el espacio con más fuerza, haciendo que el universo responda con mayor velocidad.

La receta para una buena convivencia de pareja, es sin lugar a dudas, aceptar el desafío de tener que lidiar con la forma de pensar de la otra persona. Sólo cuando se logra entre los dos estar acordes en una misma manera de pensar se obtiene la unión perfecta, pues más que unión de cuerpos es unión de pensamientos y de espíritus.

Se dice que detrás de un hombre de éxito siempre hay una mujer, y viceversa. Y es cierto. Para tener prosperidad es mucho más fácil cuando se trabaja en pareja, en la que existe el compromiso mutuo de actuar como uno en todo. Esto quiere decir que la pareja se compromete a pensar igual, pues es a partir de la comunicación de pensamientos que surge la armonía en el actuar. Pero más importante que eso es que al compartir los pensamientos se produce una fuerza tal que la energía creadora del universo responde con mayor rapidez y facilidad. Está escrito, cuando dos estén reunidos en nombre del Padre, creyendo que tendrán lo que desean, así será. Pareja que no comparta sus inquietudes, sus deseos, sus experiencias, sus sueños, no tiene muchas posibilidades de sobrevivir.

Sabemos que todo en el universo es energía, y que los pensamientos del hombre son energía creadora, y por lo tanto definen la clase de vida que tenemos. La pareja debe aprovechar toda oportunidad que se le presente para compartir su manera de pensar, qué desea hacer y tener en la vida. En vez de gastar tiempo recordando lo maravilloso que fue el pasado, debe más bien estar consciente del presente, disfrutando cuanto es y cuanto tiene y compartiendo lo que le gustaría que fuera su vida en el futuro.

El arte de amar es el arte de convivir bien. En una pareja, la atracción sexual es importante, pero lo que perdura es la comunión mental. El desafío más grande de una pareja es el tener que lidiar con la forma de pensar de cada cual. El juzgar y criticar son pensamientos negativos que siempre van en contra de la armonía en la vida de pareja. Si ésta se propone tener pensamientos llenos de amor, de abundancia, de paz, y se los expresa mutuamente, la relación se fortalecerá y prosperará.

Todo es cuestión de encontrar la pareja ideal con la cual podamos sembrar y cosechar prosperidad, y en este libro encontrarán una guía ideal.

GUSTAVO NIETO ROA

Introducción

¿Quién busca a la **pareja ideal**? Casi todos. Todos tenemos una imagen concebida o conscientemente definida, una imagen casi gráfica de ese alguien que es nuestra pareja perfecta.

Es apenas natural que deseemos encontrarla y unirnos con él o ella. Si usted está buscando a esa **pareja ideal**, estoy seguro que este libro está "hecho para usted".

Mis dos anteriores libros "Best Seller": *Encontrando a su alma gemela* y su continuación "*Su alma gemela le llama* (hasta la fecha, publicados alrededor del mundo en nueve idiomas) han generado incontables cartas emotivas de todas partes del globo. La mayoría de mis lectores tratan de convertir a alguien que ya conocen en su alma gemela, en vez de tener la paciencia de esperar o de atraer a esa **pareja ideal.** ¿Es eso lo que usted está haciendo?

No se puede convertir a cualquiera en un alma gemela. O bien la dinámica interna y externa se encuentran presentes, creadas por usted y por su **pareja ideal**, o no. Si no se encuentran, es una lastimosa pérdida de su tiempo y el de la otra persona. ¿Por qué perder más tiempo en algo que no va a funcionar? No se aferre más a esa relación imposible, ya que es evidente que no le conduce a nada. Y que por lo general es un "infierno viviente".

La vida es demasiado dulce para perderla persiguiendo a alguien que en realidad no se interesa en usted, aún si usted se cree locamente enamorado. *Eso no es amor.* Es energía personal gastada de forma miserable y que podría ser utilizada de mejor manera descubriendo quién y qué es usted en verdad y quién o qué necesita para realizarse y lograr la felicidad. El conocimiento puede no sólo "liberarle", también puede hacerle física y mentalmente saludable y llevarle a hacer una realidad de sus sueños más dulces y más improbables.

La **pareja ideal** le quiere a usted tanto como usted a ella. Sólo necesita saber lo que desea en verdad. Combine eso con un mayor conocimiento acerca de cómo aumentar su atractivo o magnetismo personal y estará en el camino adecuado.

Corte esas cuerdas dolorosas que le atan a su pasado. Sea el espíritu humano libre y sin ataduras que puede llenar cada momento de la vida con gran amor para dar y *gran amor para recibir.*

Si usted está todavía vivo y es todavía un cuerpo humano, sus oportunidades para encontrar a la **pareja ideal** son posibles. Venga conmigo y hágalas una realidad.

MICHAEL

Capítulo 1

La búsqueda
por el hombre ideal

*S*i usted es una mujer joven o una mujer mayor ya habrá comenzado su búsqueda por el **hombre ideal**. De hecho, la televisión y la comunicación moderna no sólo han empequeñecido a toda la tierra, ha hecho que los niños antes de llegar a la edad de la pubertad busquen a su "amor" masculino o femenino. Las cosas en este planeta se están moviendo a un ritmo muy acelerado. Lo que hace unos años era impensable se ha convertido hoy literalmente en moda. ¿Quién habría pensado hace veinticinco o cincuenta años que las blusas y los vestidos transparentes se usarían en público y se comercializarían hoy en los desfiles de moda alrededor del mundo?

Sin importar cuál es su edad, como mujer se vive en un mundo en donde son posible los excesos y la licencia para vestir como se desee. Hace setenta y cinco u ochenta años había policías que medían el largo del vestido de las damas y si lo encontraban demasiado corto ella podía ser multada, ir a la cárcel o ambas cosas.

Mi propio fuerte sentir es que un hombre o una mujer deben poder tomar sus propias decisiones acerca de qué tipo o largo de ropa visten. Si se erigen los "códigos del vestir", que se limiten a las instituciones privadas pero no a las vías públicas. La forma en que usted se vista o no se vista determinarán a quién atrae o aleja, pero *debe quedar en sus manos por completo* – no en las manos del gobierno, o la iglesia o la conciencia "social".

Es probable que hasta ahora, su búsqueda por el **hombre ideal** le haya llevado a muchos "barrios" o ambientes alejados. Sin embargo, yo me sentiría muy sorprendido si usted hubiera encontrado en verdad a su propio **hombre ideal** fantástico. O tal vez, sí encontró a su **hombre ideal** y ha fallecido y ahora usted busca a otro **hombre ideal** para iluminar y llenarle de satisfacción. Si la última premisa es la que le corresponde, eso demuestra que se ama a sí misma, algo poco común en esta civilización actual.

En definitiva su **hombre ideal** ¡está disponible y le espera! Está tan ansioso por abrazarle tierna y fuertemente como usted por ser abrazada y amada. El **hombre ideal** está en realidad más cerca de lo que usted piensa – *puesto que ya está en su mente.*

Todos los "eventos" tridimensionales comienzan en lo que se conoce como "un intento en el tiempo". Todos estos varios *eventos en el tiempo* se manifiestan en alguna realidad nuestra como un "evento en el tiempo". El punto importante a entender es que nunca hay *eventos* universales o humanos sin *intentos* universales o humanos anteriores.

Su *intención* de encontrar al **hombre ideal** ya causó una ola u onda en la creación cósmica. El **hombre ideal** que actualmente refleja su estado de conciencia ya sabe

–en algún nivel de su ser– que usted le busca. Su búsqueda comenzó con su deseo ardiente de "materializar" al **hombre ideal** en su existencia. Su búsqueda acabará pronto si usted sigue las líneas de guía esbozadas por mí en este libro. Las ideas que yo presento son fáciles de comprender y las técnicas para *materializar* al **hombre** o la **mujer ideal** han sido probadas por miles y miles de lectores de mis libros. Usted encontrará al **hombre ideal**. Él está enfocándose en el mismo tipo de "evento" de éxtasis. El poder de dos personas que se enfocan agudamente sobre una meta es gobernada por un cuadrado directo. Esto significa que la energía acumulada para alcanzar esta meta ahora está cuadruplicada o es cuatro veces más grande que si usted lo intentara hacer a solas. Todo lo que necesita saber y aprender ahora es a crear un eslabón de manera más completa con el **hombre ideal** en su conciencia. La manera para hacerlo se irá desplegando en este volumen. Sugiero que también lea la búsqueda del **hombre ideal** por usted.

Capítulo 2

La búsqueda
de la mujer ideal

*S*i usted está en su juventud o es un varón adulto maduro, ya está en el sendero en busca de la **mujer ideal**. Está en sus genes y será de manera cierta un enfoque conductor en la conciencia social. Un hombre toma nota de las mujeres con las que se encuentra – en especial si ellas emiten energías o comportamientos que indiquen "yo estoy disponible".

Sin embargo, un hombre es indiferente al coqueteo sutil del sexo opuesto. Su técnica es la de mirar fijamente, lo que es "desagradable" para la mayoría de las mujeres, mientras que una mujer que ha desarrollado el arte del coqueteo a una ciencia exacta lanza miradas provocativas a un hombre, o peina su cabellera con su mano, o desfila ante el hombre que le interesa y tiene un número de formas sutiles de despertar interés en un hombre.

Algunos hombres sencillamente nunca notan en toda su vida los coqueteos de una mujer, pero otros logran con el tiempo percatarse más y más de cuándo una mujer les envía señales de que ella está interesada en relacionarse con ellos.

La mayoría de los hombres acechan en busca de una mujer atractiva o permisiva sexualmente. Un rostro bonito o una cierta manera de caminar hará girar la mayoría de sus cabezas.

Los hombres que no han encontrado una pareja pronto en sus vidas frecuentarán bares, clubes nocturnos, bailes o eventos públicos en busca de su **mujer ideal**. Algunos irán de bar en bar, ordenarán una copa, y si no hay damas disponibles, beberán su copa y seguirán al siguiente lugar durante sus rondas, noche tras noche. Esto los lleva a frecuentes "encuentros de una noche" que por lo general no conducen a nada más. Esta cacería constante en todo lugar en busca de una "falda" disponible es poco productivo y causa de frustración y los hombres que lo hacen necesitan saber que hay formas mejores y más sencillas de encontrar a la **mujer ideal**.

Hay principios eternos universales –cuando son conocidos– que pueden ahorrar mucho tiempo y esfuerzo a todo hombre. A medida que usted avance en este libro se le presentarán estos principios. Esto también aplica a las mujeres lectoras. El poder de una mente enfocada es mayor que el de cualquier "poder de búsqueda" o poder de músculo o caminar, correr o perseguir a alguien con el cuerpo.

No debe sentir vergüenza o culpabilidad por no haber tenido éxito en encontrar a la **mujer ideal**. Muy pocos lo han logrado. La mayoría de los llamados matrimonios, no lo son. Puede ser que las parejas hayan tomado votos muy sagrados pero con el tiempo encuentran que no estaban casados con el **hombre** o la **mujer ideal**, muy pronto después del día de la boda.

Con frecuencia la vida es *infernal* y no celestial. Sin embargo, las costumbres sociales dictaminan que él o ella permanezcan infelizmente casados. Es afortunado, que algunos recuperan su sentido y se divorcian antes de que uno destruya al otro. Con frecuencia, las parejas "casadas" que permanecen juntas lo hacen "debido a los niños" o debido a la seguridad económica. Uno de ellos –o ambos– se siente totalmente insatisfecho. Así que siéntase agradecido de que usted no se encuentra en ese tipo de "matrimonio", si está divorciado.

Su búsqueda por la **mujer ideal** comienza de nuevo en el momento en que usted seleccionó este libro y yo haré todo lo que esté en mi poder para ayudarle a encontrarla.

Capítulo 3

¿Hay un hombre
o una mujer ideal?

s sorprendente cuántas personas han abandonado su búsqueda por el **hombre** o la **mujer ideal.** Es evidente que usted no es una de esas.

El motivo por el que muchas mujeres u hombres han abandonado la búsqueda por el **hombre** o la **mujer ideal** es que él o ella parece no existir. Pronto se descubre que cada hombre o mujer que parece serlo tiene serias faltas. Él o ella es demasiado bajo o alto, demasiado gordo o demasiado delgado, demasiado ruidoso o demasiado callado, demasiado pobre o un "avaro" rico. Los motivos para el rechazo continúan y continúan, y con frecuencia son muy válidos.

Sin embargo, en todos los casos mencionados, después de muchos meses y años de rechazo o de ser rechazado, la desesperanza se asienta. A toda apariencia, el **hombre** o la **mujer ideal** no se encuentra en ningún lugar. Tal vez son tan sólo una fantasía. Tal vez entre un millón de hombres o mujeres sólo uno es un genuino **hombre** o **mujer ideal**. Tal vez ya han tomado a todos los **hombres** o **mujeres ideales**. Tal vez usted no es lo suficientemente bueno para un **hombre** o la **mujer ideal**.

Está equivocado.

En definitiva sí hay un **hombre** o una **mujer ideal** para usted. Puede contar con ello. Hay una para mí a la que amo y que me ama y con la que vivo felizmente hoy. Conozco incontables personas que han encontrado y están saliendo, viviendo o felizmente casadas con su propio **hombre** o **mujer ideal** adorable.

Uno de los principios *humanos* que aprendí muy temprano en la vida es que si otro individuo lo ha hecho, también yo lo podré hacer. Una vez me percaté de este principio, observé con felicidad que todos y cualquiera de los logros aparentemente imposibles, grandes y emocionantes pueden ser realizados por hombres, mujeres y niños.

Sé sin lugar a dudas que el mismo potencial innato para hacer lo que ellos han hecho existe dentro de mi propio ser humano divino. Así que en vez de sentir envidia o celos por el talento y la habilidad de otros, me siento genuinamente orgulloso y alegre de su logro increíble.

Esto significa que si tan sólo otro ser humano lo ha hecho, usted o yo podemos hacerlo. Si usted puede aceptar y comprender la validez de este principio humano, le acelerará en su búsqueda por el **hombre** o la **mujer ideal**.

Para abreviar, debe hacerlo. Amigos, asociados de negocios, y muchos, muchos hombres y mujeres desconocidos lo han logrado, así que también usted puede.

Como sondearemos en un capítulo posterior de este libro, *usted es mucho más grande que su cuerpo.*

Este principio humano o divinidad dentro de usted le permite hacer real lo que usted *desee*.

Así que el primer paso grande hacia cualquier creación o materialización de la idea en masa es a través del conocimiento *aplicado*. Luego, si usted sabe que otros han encontrado su propio **hombre** o **mujer ideal**, usted se encuentra ahora "en posición" para atraerle a su realidad tridimensional.

Usted mismo debe conocer por lo menos una o varias parejas *almas gemelas* en su propio árbol familiar, o a una pareja de **hombre** o **mujer ideal** que usted haya conocido –o por lo menos leído. Eso significa que ya usted es un conocedor calificado. O que significa una vez más: si ellos lo han logrado, también usted puede, en especial ya que hay tantos **hombre** o **mujer ideal** perfectos para usted.

Capítulo 4

¿Hay más
de una pareja ideal?

¿ Hay más de una **pareja ideal***?* ¡Por supuesto! Hay más que suficientes *parejas ideales* para todos. La población de la tierra en el día de hoy excede los 5 mil millones. Su "alguien especial" se encuentra entre ellos.

Otro gran factor a considerar es que el tiempo/espacio se ha derribado en gran medida en los últimos cien años. Nuestros abuelos y tatarabuelos necesitaban seis meses y hasta un año para cruzar los Estados Unidos de oriente a occidente, o de occidente a oriente. Hoy podemos hacerlo fácilmente en avión en menos de seis de horas.

Casi cualquier parte de la tierra, en donde estos otros cinco mil millones de humanos residen, pueden ser cubiertos de veinticuatro a cuarenta y ocho horas. Y millones de millones de personas vienen y van de país en país cada hora del día. El **Sr.** o la **Sra. Pareja Ideal** se encuentra con seguridad entre esos viajeros.

Es absurdo decir que de alguna manera a usted le han "sacado" de este juego mundial, que a pesar de nuestra población en la tierra, usted no tiene un **Sr.** o **Sra. Pareja Ideal** entre todos esos.

Primero, cuando usted busca algo, es necesario saber qué busca. Por lo tanto, adelante, defina al **Sr.** o la **Sra. Pareja Ideal**. ¿Quién es él o ella con exactitud?

Él o ella es alguien que *resuena* con usted. El **Sr.** o la **Sra. Pareja Ideal** tiene gustos y desagrados similares, porque él o ella es casi una copia exacta de usted. En el género opuesto. Como exploraremos de manera más completa en el capítulo 36.

A nivel universal estamos hechos de la misma "materia". Lo que hace que cada uno de nosotros sea "diferente" de manera única es el pulso o frecuencia de nuestra "onda de luz" o autoidentidad. Cada uno de nosotros vibra o pulsa a un ritmo único.

Desde otra perspectiva universal u holística, cada forma de masa, visible o invisible, es tan sólo una "presión" de luz diferente. Toda masa conocida, sea tierra, piedra, metal, fluido, gas, ósea, carne, o cualquier configuración de mineral, vegetal o forma de vida animal, está hecha de la misma "sustancia" básica. Todos somos pulsaciones o presiones diferentes de *luz*. Aparentemente "congelados" en el espacio. El acero o hierro más duro en el mundo, no es diferente, excepto en su presión o frecuencia de onda, de la piel en nuestros rostros.

Sin embargo, gracias al principio holográfico universal, todos nosotros en forma humana podemos jugar el juego de ver y ser en un mundo colosal colmado de grandes formas, desde cordilleras bañadas por el sol radiante hasta las imensidades negras y frías de un océano profundo, y a todas las miríadas y miríadas de formas, colores y texturas de diferentes pesos y tamaños.

Lo que hace una "familia" humana de miles de millones de nosotros en la tierra es el hecho que todos estamos diseñados dentro del espectro humano de luz incandescente. Nos unimos o acercamos debido a que todos "contenemos" una frecuencia humana de pulsos de ondas de luz, como a través de un campo de acción giroscópico; la arena en una playa se reúne con granos de arena, y el oro con oro, y el agua con agua.

Una gota de agua pertenece a la "familia" del agua y una onza de platino pertenece a la familia del platino. El punto que yo quiero hacer de manera breve en este momento es que este mismo principio universal utiliza un principio de movimiento giroscópico exacto para llevarle a usted al **Sr.** o la **Sra. Pareja Ideal** o para traer el **Sr.** o la **Sra. Pareja Ideal** a usted.

Hay un potencial vasto para encontrar su pareja perfecta entre miles. Posiblemente hay millones de seres humanos con la edad correcta, la raza correcta, el color correcto, altura correcta, peso correcto, aspecto correcto y la persona o *gestalt* de conciencia espiritual correctas. Él o ella será igual a usted en conocimiento y tendrá de alguna manera los mismos sueños, visiones o metas en la vida.

Uno de los *principios universales* básicos que siempre está funcionando es que "e*l universo se reorganiza de manera constante para igualar la imagen que usted tenga de la realidad*". Por lo tanto, las primeras cosas a las que usted necesita prestarles cuidadosa atención, cuando uno sabe acerca de estos *principios universales* siempre presente, son los sentimientos, pensamientos, o imágenes que uno lleva en la mente, de momento a momento. Ya que ha creado en verdad su realidad *presente*. Sólo usted puede limitar o ampliar esta realidad autoconcedida.

En la realidad planetaria más grande, hay con seguridad un **Sr.** o una **Sra. Pareja Ideal** que lo desea a usted tanto como usted a él o ella. Usted vive ahora en una época en que las barreras del tiempo y el espacio se han derrumbado. Usted puede estar con su "alguien especial" aún si él o ella está del otro lado de nuestra tierra, en menos de dos días. Y con certeza hay más de un **Sr.** o **Sra. Pareja Ideal** para usted en la tierra hoy en día, que ansía tenerle a usted tanto como usted ansía tenerle a él o ella.

Capítulo 5

Dos ondas de luz que pasan
en la noche

n este punto usted y el **Sr.** o la **Sra. Pareja Ideal**, son *dos ondas de luz que pasan en la noche*. Ni el *ser* ni la *"entidad de onda de luz"* son conscientes el uno del otro. Ambos desean, ansían, se esfuerzan por estar en los brazos del otro pero no saben en dónde existe el otro "ser en el espejo". Sin embargo, una vez usted sepa de manera absoluta que el **Sr.** o la **Sra. Pareja Ideal** existe, se desplegarán las formas de unirse físicamente.

Otro principio básico universal es que aquello que es *conocido de manera absoluta* debe convertirse en una realidad tridimensional, o lo que usted conoce de manera absoluta se materializará de manera absoluta para usted. Este es el beneficio inmenso de ser un **conocedor**, y no tan sólo un pensador, creyente, o una persona que sienta. Uno siempre se *convierte en lo que uno conoce*.

Es por eso que es importante para usted estar leyendo este libro y recogiendo el conocimiento personal que le conducirá de manera directa al **Sr.** o la **Sra. Pareja Ideal**. De otra manera, ustedes seguirán sencillamente como dos ondas de luz que pasan una al lado de la otra en vez de unirse de manera exquisita juntas.

Como el autocreador de todas las cosas, todas las personas y todos los eventos en su vida, usted debe colocar peso o masa en su concepto o pensamiento de un **Sr.** o **Sra. Pareja Ideal** que penetre de manera feliz en su vida. Usted crea su propio universo, como exploraremos más en el capítulo 30. Cada partícula de drama, negativo o positivo, doloroso o feliz, ha sido autocreado por usted. Usted vive en un mundo en que sólo usted ha creado. Si no le gusta alguna cosa o aspecto de él, *cámbielo*. Sólo usted tiene el poder divino para hacer eso.

Esa otra *onda* que pasa en la noche le responderá a su invocación cuando usted acepte o conozca de manera completa que él o ella existe. Usted puede hacer del **Sr.** o **Sra. Pareja Ideal** una realidad humana literal, compartiendo tiempo y espacio en la tierra. Ese poder extraordinario reside en usted ahora mismo. Sólo necesita despertarla en su mente consciente. Una vez que usted sepa de manera absoluta que el **Sr.** o la **Sra. Pareja Ideal** es real y está disponible para usted, ¡*él o ella lo estará*! En vez de dos ondas que se ignoran una a otra, ustedes se unirán felizmente en uno de sus momentos de salida. *Usted lo puede hacer.*

Capítulo 6

Alguien especial
lo quiere

$\mathcal{H}$ ay "alguien especial" que lo quiere. Ya usted sabe cuán especial es ella o él, pero eso no es suficiente. Usted debe saber también cuán especial es usted.

Sépalo o no, créalo o no, usted es único en una manera excepcional. Ninguna otra "chispa de vida" o entidad de luz pasada, presente o futura puede ser de manera exacta como usted. Usted ha viajado por las autopistas, caminos y vías pasadas y presentes que ningún otro ha recorrido ni recorrerá debido a que el pasado, con su "promedio de frecuencia", ya se ha ido, para nunca más volver.

Usted es único en el sentido de lo que ha experimentado, sentido, aprendido y transformado en autoconocimiento e identidad propia. Usted es de manera muy literal "uno de una especie" y ningún otro tiene su aspecto o inmensa variedad de características humanas. Por lo tanto, cuando usted se percate con el pasar del tiempo de lo diferente que es de cualquier otro, le aportará autoestima y autovalía, tan necesarias para crear una carga eléctrica fuerte para atraer hacia usted al **Sr.** o la **Sra. Pareja Ideal**.

Deje de girar y tome un momento para pensar y sentir de manera exacta cuánto desea al **Sr.** o la **Sra. Pareja Ideal** para que comparta sus días y sus noches en la tierra.

Es igual a la intensidad con la que el **Sr.** o la **Sra. Pareja Ideal** le quiere a usted.

Cualquiera que en verdad comprenda el proceso creativo le dirá que la *intensidad* de su *deseo* determina si y cuando recoge y coagula la masa y se convierte en una "cosa" tridimensional o un "evento en el tiempo." Así que comience ahora mismo a producir el jugo. Construyendo de manera consciente su deseo hasta un punto en donde casi lo pueda *probar.* ¿Cómo hacer eso? Aprenda a controlar y enfocar su mente, lo que será presentado en secuencia en el capítulo 26.

Su "trabajo" ahora (hágalo divertido) es llegar a conocer y a apreciar ampliamente su ser sobresaliente. Comience por *conocer* que usted no es su cuerpo, o su mente, o sus emociones. Lo más cercano que usted puede lograr de su autoconocimiento consciente de quién y qué es usted, sólo se logra por medio de los *sentimientos.*

Las emociones y los sentimientos son mundos aparte. Las emociones se pueden comparar a chispas de fricción o puntos de irritación dentro de su cuerpo y mente. De otro lado, los sentimientos se acumulan o se elevan desde su chispa de vida interior, espíritu o alma. Es su "conexión de conciencia" a su *dios* interior.

Dios o la Fuente de "todo lo que es" (y "todo lo que no es") mora en el *más profundo centro* de cada partícula, onda, o forma de vida que existe. Cuando usted la encuentra y se conecta con su ser-dios, usted se convierte en una verdadera máquina de energía, conocimiento y presencia personal. Eso le ayudará mucho con toda seguridad a atraer al **Sr.** o la **Sra. Pareja Ideal**.

Recuerde que el **Sr.** o la **Sra. Pareja Ideal** quiere sentir, tocar, ver y soñar sueños con usted. Cuando la intensidad aumenta iguala la intensidad de ese particular (hay más de uno) **Sr.** o **Sra. Pareja Ideal**. Cuando su poder de deseo y el poder de deseo de él o ella alcancen un punto de "masa crítica" ustedes "explotarán" de repente entrando a la presencia consciente del otro. Así que, querer, desear es un elemento muy crucial en traer al **Sr.** o la **Sra. Pareja Ideal** a sus brazos llenos de deseo. *Ojalá sea pronto.*

$\mathcal{U}$na de las características humanas negativas incrustadas con fuerza en nuestros genes es la de aferrar hasta la asfixia a quienes amamos. Debemos aprender a soltar; si no, pagamos el precio de una frustración inmensa. Y es evidente para cualquier veterinario o persona que trabaja muy de cerca con animales que entre más fuertemente se aferre un animal más luchará para ser libre. La conciencia animal en los seres humanos "reacciona" de la misma manera. Las personas que tratamos de sostener de manera tan férrea se sienten invadidas y violadas y quieren liberarse de este abrazo mortal.

Debido a nuestra naturaleza, es más fácil soltar para una mujer, liberar su abrazo mortal en una relación, que para un hombre, aún si (de nuevo debido a la naturaleza) ella tiene tendencia a amar más que un hombre. Las muchas diferencias sutiles entre un hombre y una mujer son esbozadas de manera clara en mi libro *Best Seller* internacional *Su alma gemela llama,* así que no lo repetiré aquí. Sin embargo, lo que es pertinente a esta disertación es que los hombres pasan un momento muy difícil para soltar. Esto es porque los hombres valoran sus "posesiones" y su mujer es considerada por lo general como su posesión más valiosa. Por lo tanto, cuando hay una división en la relación y la mujer quiere salir de ella, el hombre tiene una tendencia fuerte a aferrarse con más fuerza. Esto desencadena una reacción natural y la hace a ella aún más determinada por "separarse".

Por otro lado, si se piensa bien, cuando uno libera un ave enjaulada y vuela libre pero decide permanecer a nuestro lado, somos conscientes de su amor por la libertad, pero de que su amor por nosotros es más fuerte aún. Escoge de manera natural permanecer con el objeto de su amor.

Su relación con el género opuesto es la misma. Si usted suelta y deja a su compañero o compañera en libertad total y sin condiciones y él o ella escoge estar con usted (y no con otra persona, o en otro lugar) usted *sabrá* que él o ella le ama.

Desde una perspectiva muy importante, el amor es igual a la proximidad escogida. Por naturaleza, usted escogerá o querrá estar cerca de la persona amada.

No se desespere si soltar su relación actual que no parece conducir a ninguna parte le parece demasiado duro. La mayor parte de los temas importantes de seguridad vienen de manera directa de sus genes, y todas esas posiciones de aferrarse han sido incrustadas en usted a través de las épocas. Usted lo que necesita es saber por qué y cómo está sucediendo y puede aprender cómo soltar sin sentir pánico.

Usted debe percatarse de que hay un "tema espacial" definitivo. Si alguien que no es adecuado no sólo está ya de manera constante en su espacio sino que también está siendo aferrado a muerte por usted, ¿cómo va a penetrar el **Sr.** o la **Sra. Pareja Ideal** en su espacio?

Nuestra tendencia es aferrarnos a lo que tenemos hasta que algo o alguien llegue. Sin embargo, el cambio verdadero requiere que usted se libere del pasado y entre al futuro con algo o alguien *nuevo*. Lo *viejo* ya perdió su "valor didáctico". Por lo tanto, el *cambio* es esencial para el crecimiento y el desarrollo de la autoconciencia. Sólo las lecciones que se olvidan deben repetirse, una y otra vez, hasta aprenderlas.

Al liberar las relaciones presentes que no funcionan usted abre la puerta para el **Sr.** o la **Sra. Pareja Ideal**. Si no lo hace así la puerta permanecerá cerrada. Es tan sencillo como levantarse y alejarse de la mesa después de la cena. Usted ya terminó.

Esto no significa que no intente desarrollar y trabajar las buenas relaciones. Si ya usted tiene un **Sr.** o **Sra. Pareja Ideal**, usted querrá naturalmente trabajar en las diferencias entre ustedes. Esto es lo que se llama evolución o crecimiento. Y una relación de amor o de matrimonio es uno de los grandes catalistas para el autocrecimiento de los dos integrantes del matrimonio. Usted libere el puño que tiene aferrado en cualquier relación amarga o en cualquier relación que no le brinde felicidad, y viva una aventura continua. Cuando dos personas persiguen metas comunes y trabajan en el desarrollo de su relación, pueden y es probable que permanezcan juntas toda una vida.

Sin embargo, si uno de los integrantes no puede avanzar física o espiritualmente en su evolución, sencillamente se disolverá en el tiempo. Cuando la "unión" desaparece, es definitivamente el momento de soltar y moverse a "campos más verdes".

Aprenda a soltar...

Capítulo 8

Su sensualidad
contra su sexualidad

$\mathcal{H}$ay una vasta diferencia entre *sexualidad* y *sensualidad*. La mayoría de las personas tienden a pensar que las dos son expresiones sexuales. Están relacionadas, ya que la sensualidad emana de su reserva sexual. Sin embargo, cuando la sensualidad se reprime o se encierra porque es confundida con la sexualidad, el individuo, ignorante, necesita despertar y comprender la diferencia.

Los medios públicos están rebosantes de sexualidad y violencia, dos condiciones opuestas de manera poderosa y diferente. La violencia siempre tiende a generar más violencia, mientras que más sexo sólo genera más sexo y por lo tanto más amor. Más sexo nunca le hace violento; siempre le hace más pacífico. Por lo tanto, mezclar el sexo y la violencia es como tratar de mezclar el agua y el aceite, o el agua y el fuego. No se mezclan.

La sensualidad surge de su impulso sexual. Es un flujo muy real de energías placenteras y magnéticas que pueden sentirse pasando por cada célula de su cuerpo.

Cuando se es sensual, se está vivo de una manera dinámica, opuesto a parecer una persona asexuada. La sensualidad hace que la sangre fluya hasta el rostro y a través de sus venas y órganos. Eso genera un "movimiento" placentero en su conciencia. Le hace querer levantarse y conquistar el mundo. La sensualidad le hace sentir más productivo y creativo. Le agrega ánimo a su manera de caminar y a su forma de hablar. La sensualidad resalta a cualquier persona que tenga flujos abundantes de ella tanto física como espiritualmente. Le hace atractivo y magnético. Por lo tanto, cultive su propio creciente suministro de sensualidad tanto como le sea posible.

No se deje arrastrar por la presión del consciente social que dice que ser sensual es ser sexual. No es un crimen ser sensual o sexual. Todos somos sexuales, acéptenlo o no, como lo exploramos de forma más profunda en el capítulo 11.

No caiga presa de sentimientos de culpa acerca de su sexualidad o su sensualidad. Realizar el acto sexual en público o por dinero puede ser contra la ley y un crimen en la mayoría de los países del mundo, pero no estamos hablando de ello.

No es un crimen lucir "sexy" o vestirse de esa manera. Sin embargo el consciente social siempre tratará de hacerle sentir culpable acerca de lucir atractivo de forma sexual, de sentirse sexual o de vestirse de manera sexual. Sus genes también han sido programados de manera muy pesada para pensar que el sexo es "malo". Y, por supuesto, las niñas y los niños buenos no piensan ni exploran el sexo.

Ser sensual es como sentir un amor grande e intenso en su interior. Es tremendamente sutil pero poderoso. Sencillamente no podrá evitar sentirse sensual cuando el flujo de energía natural de su cuerpo se mueva a través de su ser físico sin *impedimentos*.

Percátese también de que cuando usted sienta la energía sexual elevarse y todo su cuerpo se sienta deliciosamente sensual, no significa que debe tener una liberación sexual. Sólo permítase sentir su sensualidad y sepa que está bien.

Desde una perspectiva, cuando usted sienta toda su felicidad, todo su dolor, toda su lujuria, todo su amor, toda su libertad, hasta todo su dolor, su vergüenza y pudor de forma casi simultánea, es hermoso. Usted estará vivo de manera intensa pues su cuerpo y su mente se mueven, y cualquier flujo de energía a través de su cuerpo le hará sentirse sensual internamente.

Tómese o aparte un tiempo a diario para sentir o buscar dentro de sí y sentir esa euforia sensual. Usted se sentirá suave y tierno en vez de duro y a la defensiva. Es un sentimiento interno tan increíblemente bueno, una emoción, una pasión, un estado sensual interno que minimiza su deseo o necesidad de una estimulación externa ruidosa. También significa que en vez de ir en contra del flujo, usted se mueve en armonía maravillosa con todo el universo. Así que no se sienta avergonzado por ello. Esta es su propia fuerza de vida innata. Aliméntela y disfrútela.

Capítulo 9

Sexualidad y feromonas

*P*ocas personas saben acerca de las feromonas. Por lo general son conscientes de las hormonas como el estrógeno, progesterón y la testosterona, pero no son conscientes de la influencia tan fuerte que las feromonas ejercen sobre todos nosotros y nuestra vida sexual.

Los científicos, por otro lado, han hecho bastante investigación activa sobre las feromonas. Ellos saben que las feromonas son una forma de hormona aérea utilizada por todos los reinos en la naturaleza. Una feromona es en realidad una neurotransmisora. A mayor cantidad se tenga de estas feromonas, más sexual será usted. Las feromonas son las que crean la atracción sexual entre las personas.

La excitación sexual se activa cuando usted se encuentra con alguien que exude feromonas.

Las *hormonas* cubren una amplia gama, pues hay muchas clases diferentes; sin embargo, las feromonas están en una clase aparte. Son muy reales, aún cuando no se ven, los *comunicadores telepáticos* que anuncian su estado de sexualidad. Están hechos para comunicar.

Si usted mantiene sus feromonas adentro y no les permite salir, ellas le causarán dolor corporal interno. Cuando quiera que usted se "cierre" sentirá dolor en vez de placer.

Siempre puede saberse si se están manteniendo las feromonas adentro de su cuerpo, por sus perspectivas de seguridad; si usted se siente inseguro es porque las está manteniendo adentro y esto le causará dolores corporales internos. Sus feromonas fueron hechas para comunicar y se encontrarán o tropezarán de forma natural con cualquiera afuera de usted y afuera de ellos, en un territorio *neutral* natural. Este es siempre un lugar seguro para encontrarse con alguien.

Sin embargo, si usted sostiene sus feromonas adentro y mis propias feromonas deben entonces moverse dentro de usted para establecer contacto, usted personalmente se sentirá invadido y violado. Se sentirá como una violación del espacio, mientras que si son liberadas de forma natural, sus feromonas se encontrarán con las mías, *allá afuera* en un área neutral o segura. Una decisión para actuar o no de forma sexual podría o sería tomada sin la sensación de que una invasión ha ocurrido.

El cerrar o sostener a sus feromonas en el interior también le ocasionará *miedo del cuerpo,* aún odio por su cuerpo y una autoculpa inmensa. Todos estos síntomas son claros de mantener sus feromonas dentro del cuerpo en vez de liberarlas hacia el mundo de forma natural. Fueron creadas para ser aéreas, no para ser mantenidas estrechamente en los tejidos del cuerpo. Así que cualquier vez que usted sienta que está siendo invadido, como si estuviera siendo atacado o con deseos de escapar de alguien, o con sensaciones de claustrofobia como si lo estuvieran encerrando, puede tener la seguridad que está manteniendo sus feromonas adentro. Este es un estado muy poco natural.

Al contrario, siendo más natural y relajado, usted generará más feromonas y ellas serán más comunicativas. Una "actitud saludable" es una actitud *comunicativa*. Usted no puede ser una persona sobresaliente, famosa o muy exitosa sin tener una gran cantidad de feromonas que comuniquen sus talentos o habilidades al mundo.

Si siente excitación sexual cada vez que se encuentra con el género opuesto, significa que está guardando sus feromonas. Cuando dos personas que se comportan de forma natural se encuentran, ellas se conectarán *por fuera de sí* y se comunicarán de una forma relajada. No sentirán la necesidad o el deseo de enfocar su sexualidad. Pueden entrar al sexo si lo deciden.

Las violaciones son causadas por la agitación y el miedo y porque sus feromonas reprimidas activan la porción sexual de su cerebro, lo que a su vez activa su anatomía sexual y crea una *agresión sexual* y un escenario ideal o perfecto para una situación de violación. Es así como los gatos, los perros, los caballos y otros animales sensibles pueden determinar que usted está asustado. Porque cuando siente miedo sus feromonas emanan de usted como locas. Los animales y las personas reaccionan al *miedo* o bien intentando cuidar o atacar al generador del miedo.

Los síquicos o personas de alta intuición son capaces de utilizar las feromonas para recoger datos comunicativos al relajarse lo suficiente como para entrar en estados cerebrales alfa en donde registran las feromonas que les comunican la información deseada. Las feromonas son un bien, no un detrimento, pero necesitan ser utilizadas y no sepultadas en nuestro cuerpo físico.

Cuando se sostiene intercurso sexual con otra persona, se transfieren feromonas de forma directa. Y uno está en libertad de utilizar el nuevo grupo de feromonas que se adquirió de su pareja sexual. Sin embargo, si su pareja sexual es de un promedio de vibraciones más bajo que el suyo, su longitud de onda de frecuencia disminuirá, mientras que la frecuencia de longitud de onda de su pareja aumentará de manera proporcional. La suya puede disminuir de un nueve a un siete y la de él o ella puede elevarse de un cinco a un siete. Así, los dos saldrán del abrazo sexual con un patrón de vibraciones alterado, que se sostendrá hasta que lo recupere o tenga un encuentro sexual con alguien que tenga un promedio de vibraciones más alto. En ese caso, el suyo se elevará y el de él o ella descenderá hasta un punto medio entre los dos. Es por eso que debe ser muy selectivo en lo que respecta a la persona con la que se comprometa en sexo físico, pues o bien le aumentará o le disminuirá su promedio de vibración a menos, por supuesto, que tenga sexo con un igual.

Para abreviar, las feromonas afectarán todo el espectro de su vida y necesitan ser cultivadas. A más natural sea usted, más feromonas usted generará. Así que sea usted mismo tanto como sea posible en cada minuto de cada día y noche. Su inventario de feromonas aumentará de manera proporcional y sus habilidades de comunicación ascenderán de manera dramática. El sexo no es malo, puede ser muy bueno para usted. Así que contemplemos esa imagen. Mientras tanto, sus feromonas son las que lo conectarán con el **Sr.** o la **Sra. Pareja Ideal.**

Capítulo 10

¿Es el sexo bueno?

*M*ientras vivamos en el mundo de pares de opuestos como lo bueno y lo malo, el sexo no es malo; pero el sentimiento de *culpabilidad* que se conecta a él, sí lo es.

Desde una edad muy temprana comenzamos a aceptar y a crear una gran cantidad de culpa acerca de nuestra sexualidad. De alguna manera hemos caído bajo el concepto puritano del pasado de que el sexo es malo. Desde mi propia experiencia y observación personal, *el sexo es muy bueno*. Se siente bien y es placentero.

El sexo es natural y no hay por qué temerle o por qué sentirse culpable. Nuestros niños en el mundo estarán mejor preparados para evolucionar y crecer cuando reciban una buena educación sexual. La educación de cualquier tipo expande nuestras mentes y nuestras almas humanas. La educación sexual es esencial para los jóvenes, ya que los impulsos sexuales surgen o se embotellan dentro de nosotros desde antes de la pubertad.

Las enseñanzas viejas y falsas de que el sexo es malo y que los órganos sexuales no deben tocarse y que son sucios hacen más daño que bien.

Después de viajar de manera extensa por todo el mundo, me he dado cuenta de que en nuestros Estados Unidos de América hay un fetiche en particular o una preocupación poco natural con el sexo. Hay demasiada asociación del sexo con el hermoso cuerpo humano desnudo, hombre o mujer, y la sexualidad. Mientras que en Austria o en otros países europeos, los hombres, mujeres y niños entran juntos desnudos al sauna o a las duchas y no sienten excitación sexual impropia ante la visión del cuerpo desnudo del género opuesto.

Las mujeres que se bañan en las playas se sienten desinhibidas acerca de broncear sus senos, mientras que los ciudadanos puritanos de los Estados Unidos se escandalizan cuando ven a una mujer que "expone" sus senos desnudos. Esta obsesión de esconder partes sexuales del cuerpo y de pretender que no existen sencillamente tiene el efecto de hacer que el individuo reprimido se preocupe aún más por el sexo. Esto es obviamente una actitud poco saludable, mientras que el reconocimiento del sexo es natural y bueno y que las partes sexuales del cuerpo son naturales y buenas y muy saludables. El sexo entonces no se convierte en "una gran cosa" o en el *tema* oculto en la mente de todos.

Un cuerpo humano hermoso y bien cuidado es una valiosa pieza de arte y no tiene por qué ser un asunto sexual. Si lo es, entonces ese asunto se encuentra meramente en la mente de quien lo contempla. Personalmente me encanta ver un cuerpo humano bien parecido, sea ocupado por un hombre o una mujer. Soy definitivamente un heterosexual, pero eso no me impide observar y apreciar la belleza o el arte en donde quiera sea expuesto.

Si usted piensa que el sexo es malo y que le dominará, entonces, sencillamente, tendrá que llegar a términos con él.

Primero, debe reconocer que la mayoría de sus reacciones provienen de sus genes. Otras son aprendidas o autocreadas durante su crecimiento físico y mental. Casi todas sus "emociones" o reacciones hacia el sexo como algo sucio o malo provienen de las creencias puritanas que sus progenitores le han impregnado en sus genes al nacer. Ellos sentían y creían que el sexo era malo. Sin embargo, "pensar y creer" como dice mi amigo Ed Robertson, de Virginia Beach, Virginia, son "dos cosas diferentes".

Una creencia es sencillamente una creencia. Si no es un hecho y los genes de sus tatarabuelos y/o padres *mienten* y dicen que es un *hecho,* usted creerá de manera inocente que su creencia es un hecho cuando no lo es.

Para retirar la carga o el poder a esta creencia falsa, usted necesita sentir y encontrarla en sus genes y exponerla como una falsedad, o usted necesita reconocer que la verdad real es tan fuerte que supera a nuestros genes e imprime la verdad real en su espiral ADN. Es así de sencillo.

Si usted siente que el sexo es malo, averigüe de dónde proviene esa sensación. La aseveración de que "la verdad os liberará" tiene mucho que ver con este asunto.

Su trabajo es aprender cómo vivir una vida plena en un mundo seguro, y en ese mundo, usted encontrará que el sexo es bueno. La violencia contra los semejantes es mala, la culpabilidad es mala, el juicio es malo, pero el *sexo es bueno.*

Capítulo 11

Todos tenemos
un impulso sexual

*S*iéntase agradecido porque todavía tiene un impulso sexual, aún si no lo percibe de manera consciente. De lo contrario estaría muerto.

Nadie puede vivir sin la vitalidad del "primer sello" o chakra etérico y eléctrico o "centro sexual" bombeando vida o vitalidad a través de las células, órganos, torso y extremidades del cuerpo.

Su impulso sexual es innato allí, sin importar cuánto usted lo haya reprimido o encubierto. Si usted respira, su centro sexual está operando. Cuando usted deje de respirar, cesará. Por lo tanto, deje de pensar y de sentir que ha perdido su sexualidad. Todavía la tiene y la utiliza con cada aliento que toma. *Así que siga respirando.*

Si usted tiene alguna razón por la que ha caído en la creencia falsa de que ha perdido su sexualidad o su impulso sexual, debe corregir esa creencia en este momento. Adéntrese en su ser. Sienta la suave ternura de su ser. Sienta las corrientes sutiles de vida que fluyen a través de sus órganos. Enfóquese en su centro sexual y sostenga ese enfoque allí hasta que pueda sentir las ondas casi imperceptibles o las pulsaciones de energía sutil que se elevan dentro de su cuerpo. Este es uno de los flujos duales de lo que en el esoterismo se conoce como el flujo kundalini. Esta energía es vital y es real, y fluye dentro de usted, sea que la sienta o no. Sin embargo, con práctica diaria y un enfoque desarrollado usted pronto comenzará a sentir la sensación placentera, un sentimiento dinámico muy sutil que crece y crece en intensidad a medida que usted practica más.

Esta energía puede ser utilizada para sanarse a sí mismo al dirigirla hacia cualquier parte lesionada o enferma en su cuerpo. También puede traerla a sus manos y ayudar a sanar a otro. Hay algunos hospitales en donde se enseña a las enfermeras cómo traer a la superficie esta energía sutil y a curar a los pacientes con ella, se llama el tratamiento de "la colocación de las manos".

Si ya usted sabe y puede sentir un impulso sexual fuerte, usted también puede moverse hacia el centro de su ser y tomar de este flujo exquisito y ayudar de manera consciente a moverlo a través de cada célula, órgano o extremidad de su cuerpo. Se siente bien y es placentero. Es pura energía sexual, vital y viva. No está diluida o aguada por la lujuria o por los deseos sexuales bajos. Esta energía es ciento por ciento vida pura, y puede ayudar a mantener su cuerpo joven y elástico. Puede detener el envejecimiento. Puede mantenerle creativo y productivo y saludable hasta el último día de su existencia humana.

Cuando la energía sexual no es liberada de forma sexual se transforma en una pasión por la vida, en gran creatividad y en una productividad rica y continuada. Así que en vez de liberarla con tanta frecuencia por la automasturbación o en sexo con su pareja, sostenga ese estado orgásmico en su cuerpo y utilícela para elevarse y sostenerse.

Nunca niegue o suprima su sexualidad o sensualidad. Por el contrario, desarróllelas ambas al máximo y utilice estos flujos de energía para ser un *maestro* en todos los senderos de la vida.

Si su sexualidad está reprimida por la culpabilidad usted no tendrá la posibilidad de utilizar su creatividad hasta su potencial completo. *La culpabilidad, el arrepentimiento* y los *debí haber hecho,* le mantendrán encadenado al pasado, así que permita que estas "anclas" desaparezcan. Conozca y aprecie su sexualidad y su sensualidad. Sus críticos marchitarán y morirán, mientras usted continúa creciendo y floreciendo para ser el ser humano divino por el que vino a esta forma humana .

Eduque a sus hijos acerca del sexo. Que ellos sepan que es bueno pero que debe ser manejado con mucho cuidado y mucho amor. Será una gran bendición para ellos.

Yo personalmente no condeno el uso de los "cauchos" como los llamábamos cuando era niño, entre mis compañeros de la escuela. Creo que fomenta una idea falsa sobre el uso de los mismos. El SIDA y otras enfermedades sociales son también una cuestión de buena educación respecto a la salud. La prevención siempre será más sabia que el sufrimiento a través de una cura. *Organismos basados en la tierra,* el tema de un libro completo que he escrito llamado *Super salud,* ya probó que ellos pueden mantener a los cuerpos de tierra, de plantas, de animales y humanos saludables y reparar un sistema inmunológico que falla. Las personas sólo necesitan ser educadas acerca de temas sexuales, deficiencias nutricionales, complejos de culpa y *qué hacer acerca de ellos.*

El sexo es bueno.

Capítulo 12

¿Qué le hace atractivo
y por qué?

*D*esde un punto de vista externo hay muchas cosas que le hacen atractivo. La forma en que camina y lleva su cuerpo puede ser muy excitante para un hombre o una mujer. La forma en que usted hable también es importante. La resonancia de su voz puede ser atractiva. A nadie le agrada una voz aguda o la voz de una persona que habla demasiado o demasiado rápido.

Las personas también toman nota de la forma en que usted se viste. Si siempre luce desaliñado es algo que le resta a su atractivo. Si viste ropas que le ajusten bien y que lucen bien en usted o colores que le sientan, eso aumentará su atractivo.

La inteligencia excita a algunos hombres y mujeres, así que tener conocimientos acerca de algo o acerca de muchas cosas aumenta el atractivo de un hombre o de una mujer. Es evidente que mantener sus dientes limpios y tener siempre una sonrisa lista también le hace atractivo.

Hay una lista larga de formas externas, apariencias y actitudes que le harán aparecer atractivo a una persona u otra. Al mismo tiempo hay factores intangibles que entran en la evaluación. Algunas mujeres se sienten atraídas por hombres altos, pesados y musculosos, mientras que otras prefieren a sus hombres bajitos, delgados o ligeros. A algunos hombres les gustan las mujeres trigueñas o de cabellos muy oscuros, mientras que otros sólo tienen ojos para las rubias. Algunos hombres o mujeres gustan de los ojos verdes, mientras que otros a su vez, prefieren personas con ojos oscuros o castaños. Ser un hombre o mujer de éxito en cualquier profesión hace a un hombre o a una mujer nucho más atractivo.

Algunos hombres y mujeres creen que sólo un artista o poeta es atractivo y buscan al **Sr.** o **Sra. Pareja Ideal** en esos campos. Otros y otras prefieren arquitectos, ingenieros, o profesores. Muchas personas encuentran que las personas sobresalientes en la religión o el gobierno y la política son atractivas. Para otros, los bomberos, los policías y los científicos son atractivos. *Hasta los escritores pueden ser atractivos.*

Sin embargo, la mayor parte de lo que hemos considerado anteriormente es más lo que se ve y se conoce, mientras que lo invisible y lo desconocido juegan una gran parte en el por qué somos atractivos, o qué nos hace atractivos. Sus genes pueden estar llenos o cargados con energías repugnantes o atractivas que alejan a la gente de usted o la atraen. Si sus tres últimos progenitores fueron personalidades superiores, hombres o mujeres, entonces usted lleva eso en sus genes y "despedirá" un campo magnético que dice que usted es alguien con una gran personalidad, lo que le hace muy atractivo. Si sus últimos tres progenitores fueron personalidades insípidas y sin vida, eso también estará registrado en sus genes y aparecerá como una personalidad invisible y anónima, que no será tomada en cuenta , en cuyo caso, usted tendrá que trabajar muy duro *en este cuerpo* para generar más ánimo.

Otro factor invisible pero que se siente con mucha fuerza es la ALEGRÍA que usted lleve o no lleve. Todos nosotros nos sentimos atraídos de manera natural hacia hombres y mujeres alegres. Aún un poco de alegría hace a las personas más radiantes y más atractivas. Un individuo feliz es como una luz brillante en una habitación oscura. La radiación de la felicidad es algo que naturalmente queremos compartir tanto como sea posible. Es por eso que las personas felices tienen tantos amigos. Todos quieren sentir un poco de esa felicidad que llevan con ellas. Eso es lo que las hace tan atractivas.

De la misma manera, cualquiera que haya encontrado la *divinidad interior,* también emite atractivo, pues él o ella es muy "centrado", en paz y en completo control de su vida. Estas cualidades tienen un magnetismo o atracción, pues muchos humanos en la tierra no poseen estas grandes cualidades y se sienten fascinadas y encantadas cuando las ven en cualquiera. Estos individuos son dioses vivientes en forma humana, pero no caminan por el mundo diciendo, "yo soy un Dios". Su silencio y su aura de paz le dice a los observadores que ellos son dioses *conscientes.*

Encontrar ese centro suave y tierno dentro de su propio ser y mantenerlo de manera constante le ayudará definitivamente a atraer muy pronto al **Sr.** o la **Sra. Pareja Ideal** hacia usted.

También puede aprender a generar FELICIDAD dentro de su propio cuerpo a través del acto mental descrito en el Capítulo 26. Esa felicidad será como una señal para que su **Sr. o Sra. Pareja Ideal** le encuentre.

Ser natural, lo contrario de "darse aires" o fingir ser más de lo que en realidad se es, también es una cualidad maravillosamente atractiva. Una persona sincera se gana el corazón de los demás con mucha rapidez.

No desespere si por algún motivo no recogió buenos genes en su nacimiento. *Usted es más grande que su cuerpo.* Y hay formas de superar esto, como pronto lo sabrá por este volumen. Cada capítulo de este libro está diseñado para informarle y lanzarle en su camino al encuentro del **Sr. o la Sra. Pareja Ideal.** Usted puede apresurar ese gran encuentro que se avecina haciéndose de manera consciente más atractivo, en cuerpo, mente y espíritu. Ambos compartimos la misma meta. La mía es informar y guiarle, primero hacia su autoidentidad única y después hacia la presencia del **Sr. o la Sra. Pareja Ideal.** La suya es *reflejar* esta información y después *absorberla* y hacer uso de ella para atraer al **Sr. o la Sra. Pareja Ideal** en su realidad tridimensional. Ahora la energía e impulso de mi meta, unida con la energía e impulso de su meta, aumenta mucho la posibilidad de hacer de este hermoso sueño o visión una realidad sólida y viviente.

Vale la pena jugar al *juego de la vida.* Su juego ahora es sentir su belleza interna. Entre usted más la vea, más también la verá el **Sr. o la Sra. Pareja Ideal.**

Sencillamente SEPA que usted es tan atractivo para él o ella como él o ella lo es para usted. El **Sr.** o la **Sra. Pareja Ideal** es perfecto para usted y usted es perfecto para él o ella. Las personas simpáticas se sienten atraídas por personas simpáticas, así que el **Sr.** o la **Sra. Pareja Ideal**, será muy simpático para usted.

Capítulo 13

La vida
es un juego espiritual

*D*urante mi experiencia de muerte vivida a la edad de dieciocho años, yo veía con anhelo hacia este "mundo terrenal", aunque sabía que era tan sólo un *sueño.* Sin embargo el sueño era tan atractivo, tan retador, y como había fracasado al enfrentarme al reto revelado tan claramente en *tres* de mis vidas pasadas, opté por regresar a este "mundo de sueños".

Ya he estado de regreso de forma física en este sueño terrenal ahora por muchos años, y desde entonces también he aprendido que la "vida humana" es un "juego espiritual" fascinante.

Más de cinco mil millones de nosotros "entidades de luz" o *chispas de vida,* han nacido o se han movido a cuerpos humanos. Todos estamos jugando un juego espiritual dramático. El juego no tiene fin, y los "jugadores" se caen o saltan al juego. Las reglas del juego son sencillas.

- *Primero,* todos deben jugar.

- *Segundo,* todos deben *creer* que el juego es *real.*

- *Tercero,* se permite que los nuevos jugadores entren al juego a su voluntad, y los jugadores presentes se pueden retirar cuando quieran.

- *Cuarto,* el juego es tan sólo un espectáculo de luces holográficas mentales, así que a los jugadores no los asesinan nunca, ni mueren, ni sufren ningún daño mental, emocional o físico real.

- *Quinto,* las reglas del juego sólo cambian cuando un jugador o un grupo de jugadores logran establecer un nuevo cambio de paradigma de la conciencia humana.

- *Sexto,* como regla durante nuestro juego "presente", los jugadores son polaridad femenina en un cuerpo femenino o polaridad masculina en un cuerpo masculino. Las excepciones son cuando suceden cruces, y una polaridad masculina ocupa un cuerpo femenino o una polaridad femenina ocupa un cuerpo masculino.

- *Séptimo,* pero no último, ya que hay tantas otras reglas mayores, menores y pequeñas en el juego, cuando un jugador se despierta en el sueño o alcanza el autoconocimiento y el autodominio y logra la misión innata de "graduación de la tierra", él o ella se puede retirar del juego o puede de manera consciente entrar de nuevo al juego según su voluntad, creando un "maya-virupa" o un cuerpo imaginario que parece ser de carne y sangre real como un cuerpo humano ocupado por los jugadores que continúan en el juego en la tierra...

El gran juego de la vida no tiene reglas definitivas ni campos de juego definitivos. En realidad son juegos dentro de juegos dentro de juegos *sin fin*. Y un nuevo juego puede ser jugado por cualquiera de los jugadores a su voluntad.

El universo actúa como telón de fondo y suministra peso y masa según el individuo las necesite para que los jugadores individuales, en grupo o en grupos, puedan crear el ya discutido *"intento en el tiempo"* o juego del plano mental. Es un buen juego. Me encanta, en especial porque he aprendido todas estas reglas importantes y he comprendido que puedo cambiar cualquier juego si no me gusta.

El tipo de juegos que podemos jugar en el "teatro de la vida" en la tierra desafían toda descripción. Sin embargo, debido a que la mayoría de los jugadores no han despertado al hecho que están jugando un juego, están literalmente tan "perdidos" en el drama poderoso de la "línea narrativa", que no pueden *romper el enfoque*. Por lo general juegan entre los *mayores* al *"juego de las carencias"* o a su contrajuego lleno de diversión, el *"juego de la abundancia"*.

Algunos jugadores atrevidos escogen jugar un papel más pesado en el *"juego de la vida sin amor"* y el *"juego de las relaciones abusivas"*.

Daremos un vistazo más cercano a algunos de los juegos mayores. Mientras tanto, puede ser un buen ejercicio para su mente, ver si puede develar o despertar a la clase de juego mayor que juega en este momento.

La regla dorada es que si usted *despierta* a algún juego en particular que está jugando *y le gusta,* siga jugándolo hasta que se aburra, en especial ya que tiene la "ventaja" de saber que *es tan sólo un juego* y que usted puede terminar el juego, a su voluntad, con solo retirarle su enfoque y su energía de vida. Esto no representa un problema, ya que hay muchos juegos que valen más o que presentan más retos y a los que usted puede entrar de inmediato.

El juego provocativo que usted juega en este momento es el "juego de encontrar y unirse con el **Sr.** o la **Sra. Pareja Ideal**".

Sugiero que siga leyendo y aprenda cómo jugar este juego bien para que usted pueda salir como "vencedor", como muchos de nosotros jugadores, lo hemos hecho ya.

Capítulo 14

El juego
de las carencias

*F*inalizando este segundo milenio, el juego más grande sobre la faz del planeta tierra es *"el juego de las carencias"*.

En su mayoría, es el juego de estar *sin dinero* o de no tener suficiente energía personal para usar o gastar. Este aspecto del juego encabeza la lista. A la mayoría de las personas "casi no les alcanza" en las naciones que son supuestamente pudientes como Los Estados Unidos, Inglaterra, Alemania, Japón, Canadá y otros países "líderes" en el irónico "juego de la abundancia". Aunque las personas parecen tener altas ganancias, en el último cuarto de siglo los gobiernos de estos países se han convertido en "fosos sin fondo" que consumen hasta veinticinco veces la cantidad de impuestos por ingreso que el ciudadano promedio pagaba hace veinticinco años. Al mismo tiempo la deuda nacional de los Estados Unidos ha pasado más allá de los $5 trillones. Parece que no se han hecho nunca la pregunta, o formulado la respuesta: "¿Cómo pueden deberse a *sí mismos* tanto dinero?" Por supuesto que la respuesta está en la Reserva Federal que imprime papel sin valor, que ya no está apoyado por verdaderos lingotes de oro o monedas de oro o lingotes de plata o monedas de plata.

La gran deuda crece aún más cuando no se imprime "dinero falso" adicional para pagar los intereses. Así, la "Gran Bestia" que parece tratar de devorar al mundo entero, crece y crece, mientras que el hombre y la mujer común se enfrentan a una carencia más y más grande. A menos que el juego sea desenmascarado, puede acabar derrumbando el sistema monetario de todo el mundo.

Este juego de las carencias cubre un rango muy amplio. Usted puede jugar a que carece de amigos, y por supuesto, el mundo se apresurará a suplir su imagen de la realidad. Debido a que se enfoca allí, tendrá menos y menos amigos en su vida.

Puede jugar a que carece de seguridad y, por lo tanto, "aparecerán" en su vida muchas situaciones de una vida insegura en su diario vivir. Se sentirá inseguro acerca de su trabajo, o acerca de una relación, o acerca de volar en un aeroplano o a caminar las calles. Este juego puede convertirlo con el tiempo en un recluso en donde sólo se sienta seguro entre las cuatro paredes de su casa. Aún allí, las probabilidades serán que usted tendrá doble cerradura en las puertas, y sus puertas y ventanas estarán cerradas todo el tiempo.

Puede jugar a la carencia de lo esencial en la vida hasta el punto en donde se unirá a las pandillas de personas sin hogar en las calles de muchas ciudades del mundo "moderno".

El juego de las carencias puede jugarse para cubrir un área o zona específica que usted escoja de la vida. Algunas personas juegan a las carencias en casi todos los aspectos de la vida. Han jugado este juego durante tanto tiempo que se ha convertido en una rutina o costumbre demasiado difícil de romper. Carecen de aire fresco, carecen de dinero, carecen de transporte, carecen de alimento apropiado, carecen de amigos, carecen de seguridad, carecen de ropa adecuada, les falta el cambio y, sobre todo, les faltan *nuevas perspectivas* o nuevas ideas.

Un principio cardinal para mantenerse enfocados en el juego de lal carencias es, "si usted está en su ego, le faltará". Sin embargo esto no significa que debe deshacerse de su ego o intentar destruir su ego pues su ego es necesario para la protección de su siquis. Sólo necesita percatarse o reconocer que cuando usted viene de un punto en el que le falta, viene de su ego. El ego siempre quiere "tomar". Su siquis "da" mientras su ego toma. El juego de las carencias siempre emana de una fuerte identificación con su ego, y no con su alma o siquis. Hay mucho enfoque en el ego en el mundo de hoy, así que el *juego de las carencias* es el juego más popular que hay.

Capítulo 15

El juego
de la abundancia

*A*l otro lado del espectro el juego que es jugado por una minoría es *el juego de la abundancia*. Este es un juego divertido que, también, se ha jugado desde hace algún tiempo.

En este juego, los jugadores han aprendido que hay más de lo que cualquiera puede usar. Ellos saben que la FUENTE universal es infinita y que puede tomarse de ella a voluntad.

Los jugadores en este juego pueden colocarse en dos categorías; quienes tienen como práctica de toda su vida reunir y almacenar cantidades excesivas de las necesidades de la vida, y los *maestros* o "magos del escenario", quienes se pasean por la tierra con sus bolsillos vacíos pero que tienen acceso instantáneo a *toda* la abundancia universal, según su voluntad.

Aquellos en la primera categoría todavía se aferran a sus posesiones y esto es algo que funciona en ambas direcciones. Sus posesiones son dueños de ellos. Muy pocos en esta categoría están dispuestos a separarse de sus excesos, ya que siguen encontrando la seguridad material en ello. Estos individuos podrían hacer mucho para aliviar el hambre y la ignorancia en el mundo, pero están tristemente perdidos en el juego. Han encontrado la llave de la gran abundancia y sencillamente no comprenden por qué "el hombre o mujer común" no puede duplicar lo que ellos han aprendido y hecho. La mayoría en esta categoría dan regalos "simbólicos" a sus beneficencias favoritas, mientras se aferran a sus excesivas posesiones. La mayoría de ellos están tan atrapados en este juego de diversión que muy pocas veces quieren involucrarse en otros juegos en la vida.

Por otro lado, los grandes maestros que caminan por el mundo con sus manos y bolsillos vacíos dan en abundancia amor, conocimiento y sabiduría a todos los que se encuentran. Algunos pueden fingir hasta ser mendigos miserables. En realidad no necesitan las "almas" u oro que piden. Sólo están "probando las aguas" para ver quién está dispuesto a *dar* de lo poco que tiene el hombre o la mujer común en el camino de la vida. A su turno, aquellos que dan libremente de su bolsa reducida o de la alacena de su cocina son recompensados con más del doble de lo que dan con liberalidad.

Estos maestros autoevolucionados caminan por la tierra y dan ejemplo de cómo vivir de manera sencilla, moderada y sin embargo materializan lo que necesitan en *el momento.* He encontrado algunos de ellos en mi vida.

También existen esos, como yo y muchos otros, que han despertado a este juego divertido. Yo, también, jugué al *juego de las carencias* durante muchos años luchando como compositor de canciones, como lo revelé en mi libro, *Su alma gemela llama.* Tuve la ayuda de un amigo llamado Jerry, quien había jugado el *juego de las carencias* conmigo unos cuantos años antes y durante ese tiempo había cambiado juegos. Jerry me sentó literalmente y me hizo cambiar mi enfoque hacia la abundancia, en vez de hacia la carencia. En seis meses, pasé de mi pobreza abyecta al seguir los pa$o$ del éxito que me mostró Jerry. Me hice propietario de mi propia casa, de un Cadillac, y gané un ingreso mensual alto como profesional en el campo de los bienes raíces.

Jerry, sencillamente me hizo comprender que toda la abundancia comienza en *la mente,* no en la billetera. Desde ese día mi vida se ha llenado con lo que he necesitado o deseado. Una vez se comienza a jugar el *juego de la abundancia* uno se engancha con él, ya que es en verdad muy divertido. Si usted se está aburriendo con el *juego de las carencias* y desea cambiar, ya está en camino. Cuando se busca el conocimiento, el conocimiento lo busca a uno. El conocimiento de cómo hacerlo puede hallarse en este libro. *Disfrútelo.*

Capítulo 16

*El juego
de una vida sin amor*

$\mathcal{C}$omo dijimos antes, aun cuando hay miles de millones de hombres y mujeres elegibles que viven en la tierra, hay mucha gente que de manera ignorante juega el *juego de la vida sin amor.*

¿Por qué? ¿Por qué cerraría los ojos cualquiera a lo evidente y pretendería día tras día, año tras año, que no hay nadie que los ame? La respuesta está en sus genes.

Casi todos los que juegan al juego de una vida sin amor reciben este mensaje de manera directa de sus códigos genéticos. Por lo menos tres de su última línea de siete progenitores han vivido una vida solitaria y sin amor. Si eso no ha sido alterado por un padre o un abuelo, también ellos se sentirán solitarios y sin amor.

Como ya sabrá o habrá descubierto, el universo siempre le da más de aquello en lo que usted enfoca su atención, y no porque sea falto de amor o de preocupación. Al contrario, el universo da de manera incondicional. Se reorganiza para acomodar su *imagen* de la realidad, porque le ama y literalmente se preocupa por usted *todo el tiempo.* Sabe que usted tiene un libre albedrío y asume de manera natural que si usted se enfoca en algo, es *porque quiere más de eso.* Así que el universo da de manera generosa un estado sin amor si es allí en donde usted se enfoca.

La clave para cambiar su juego, si usted es una de esas almas valientes que ha escogido genes predominantemente sin amor, es *cambiar de enfoque*. Aún si siente de manera muy fuerte y cree poderosamente que no es amado, enfóquese en ser apreciado y amado por más y más gente.

Enfoque siempre la *solución*. No el *problema*. Y así el principio universal constantemente operativo que *la energía sigue al pensamiento* trabajará para usted. Dé vida o energía al pensamiento de ser amado en vez de a no serlo. Tome una opción consciente y concertada para ver más allá del mundo de las apariencias al *mundo de su realización*.

Imagine con mucha fuerza cómo se sentiría ser amado muy profundamente por el **Sr.** o la **Sra. Pareja Ideal**. Esa sensación le ayudará a salir o a moverse de la sensación de no ser amado. Practique esta fantasía varias veces al día hasta que la sensación de ser amado crezca tan fuerte que supere lo que sus genes le digan. Usted es más grande que sus genes. Usted ha adoptado de manera temporal los genes que lleva. Usted no es ellos, aunque a veces traten de convencerlo que así es y que usted debe responder a sus dictámenes.

Al mismo tiempo, dé una buena mirada a las parejas felices que usted conoce. Estúdielas y vea cómo ellos se enfocan en ser amados en vez de en no serlo. Usted puede hacer la misma cosa.

Será su enfoque el que cambiará su vida diaria y sus viejos hábitos en nuevas sensaciones y pensamientos renovados.

Será un enfoque desarrollado con fuerza el que le llevará a usted al **Sr.** o la **Sra. Pareja Ideal**.

Capítulo 17

Conozca su juego

$\mathcal{N}$o hay nada malo con jugar el juego que usted seleccione. Usted tiene libre voluntad y el derecho universal de entrar a cualquier juego nuevo o de abandonar un juego viejo. Nadie más puede tomar esa decisión por usted.

Lo mejor que puede hacer es alejarse del *juego de las carencias* u otros juegos de lucha y preocupación y comenzar a reconocer el juego que usted juega. Cuando usted sabe de manera consciente que está jugando cualquier juego entonces usted sostiene todos los ases en el juego. Usted está consciente de lo que hace, mientras que los otros están perdidos en el juego. Cuando usted está perdido en el juego le hará temeroso o preocupado, ya que el juego parece ser tan real y afecta su vida de manera muy dramática. Cuando está perdido en la agonía y el dolor o en el trauma y el drama, los jugadores a su alrededor que *saben que es un juego* tendrán gran ventaja sobre usted.

La clave es comenzar a observarse a sí mismo desde el momento en que se despierta en la mañana hasta que descanse en su sueño. Si usted da un paso atrás y observa lo que está haciendo y sintiendo todo el tiempo, durante todo un día, mejorará su vida para siempre. Cuando usted *conoce su juego,* cualquiera que sea el juego que juegue, siempre saldrá como un ganador.

Por ejemplo, si su compañero o alguien que cruza su sendero diario "le agrede" y usted le agrede de vuelta, usted está jugando el juego de él. Por otro lado, si usted se percata que es el juego de él y que esto no tiene atractivo para usted, y le sonríe de manera placentera y en silencio se aleja por su camino, esto lo confundirá o tal vez le cause aún más ira, ya que usted no está jugando el juego de él con él. Pero es su opción.

Si alguien trata de arruinar su diversión, cuando esté involucrado en un juego con una nueva idea o proyecto inmediato, ignórelo y continúe con su juego. A las personas les gusta la diversión y pronto usted atraerá a los jugadores que necesite para ayudarle a divertirse.

Por otro lado, si decide dar una "gran fiesta de la conmiseración" para usted mismo, al dolor le gusta la compañía, usted encontrará un buen número de jugadores que le ayudarán a sentirse mucho más adolorido y lleno de lástima. Recuerde que está bien jugar el juego de la autocompasión, pero percátese que lo está haciendo. Así lo puede jugar hasta que se aburra y encuentre un juego mejor que jugar.

Por ejemplo, usted puede ser una mujer que ya ha superado los estereotipos masculinos/femeninos. Ya sabe que es un juego. Sin embargo, puede escoger vestir zapatos de tacón alto y "vestirse para matar" y demostrar su femineidad ante todos los hombres en público o en una fiesta, usted puede interpretar a la rubia tonta o a la encantadora seductora, pero todo el tiempo ser consciente de que está jugando y divertirse mucho.

Si lo piensa mucho, se percatará de que hay una vasta diferencia entre el hombre o la mujer que realmente "cae" ante el estereotipo clásico masculino / femenino y que se *pierde* a sí mismo en el drama del juego, y la persona que sabe que es su juego. Uno es serio y fanático, mientras que el otro es ligero, divertido y libre.

Cuando caiga en el hábito de desenterrar o exponer sus juegos entonces comienza la automaestría. ¿Cómo puede perderse en un drama cuando sabe que es un juego? ¿Cómo puede aferrarse a un dolor inmenso cuando un amigo o una persona amada "muere" si usted sabe que es un sueño? Y que en realidad no hay muerte. Nadie muere y nadie se lastima de verdad en el juego de la vida. La muerte es tan sólo la salida final de una "pieza de época" particular. El jugador se retira a los lados del escenario de la tierra, pero puede jugar el juego del nacimiento/vida/muerte *de nuevo*. Cuando la repetición del juego se hace demasiado aburrido para un jugador en particular, finalmente se despierta y se gradúa, para salir del "espectáculo de luz" holográfico tridimensional de los humanos de la tierra.

Por lo tanto, en su búsqueda por el **Sr.** o la **Sra. Pareja Ideal**, si usted hace una pausa y recuerda de vez en cuando que la *vida es un juego,* y sabe qué juego decidió jugar, le ayudará a que el juego resulte como usted quería. En vez de estar desesperanzadoramente perdido en el juego, usted sencillamente tomará sus coordenadas y se moverá a una mejor posición para materializar al **Sr.** o la **Sra. Pareja Ideal**. Así que cuando las cosas parezcan oscuras, injustas o fuera de control, recuérdese que sólo está jugando un juego. Usted puede cambiar de juego (como hacen los niños) en un momento. Usted puede moverse de lágrimas a risa genuina con la misma rapidez. Es su juego. *Conozca su juego.*

Capítulo 18

Aprenda a amar
su precioso cuerpo

$\mathcal{U}$sted puede ser la mujer o el hombre más rico de toda la tierra, pero la posesión más valiosa y preciosa que tiene es su sorprendente cuerpo humano. Su cuerpo es irreemplazable. Le sirve desde el día de su nacimiento hasta el día de su muerte. Los deseos que tenga son sus órdenes.

La triste verdad es que la mayoría de las personas toman sus cuerpos sin apreciarlos. La mayoría de las personas abusan de estos preciosos cuerpos humanos en incontables formas. Muchas veces odiamos o despreciamos a nuestros cuerpos. En vez de darnos el crédito por hacerlos exactamente de la forma en que son, actuamos como si fuera la culpa de nuestros cuerpos que son demasiado débiles, demasiado gordos, demasiado flacos, demasiado altos, demasiado pequeños, del color equivocado, de la forma equivocada, demasiado enfermizos y algunas veces del género equivocado.

El peor abuso que le podemos dar a nuestros cuerpos en estos tiempos modernos es la mala nutrición. Los llenamos con alimentos procesados, comida chatarra, alimentos sin vida y nos preguntamos por qué somos gordos y aletargados. Precipitaciones de radiación y todo tipo de contaminantes en el aire, el agua y la tierra han matado la mayor parte de los *organismos en la tierra,* que la mantenían saludable, como también a los reinos vegetal y animal hacia mediados de los años 40 cuando la contaminación ambiental mundial comenzó. Puede obtener más información acerca de este tema en mi libro. *Super salud.*

Como consecuencia, y debido a todo esto, nuestros cuerpos humanos están en malas condiciones. Hasta el ochenta por ciento de los jóvenes y de los viejos en los Estados Unidos son obesos. La mayor causa es la falta de educación y la falta de vegetales y frutas *maduras y frescas* y granos *completos* (en vez de procesados) y la falta de los organismos originados en la tierra, ya antes mencionados, que ayudan a mantener al cuerpo humano en buena salud. Ahora se consiguen de manera abundante en cápsulas.

Nuestros grandes cuerpos humanos nos permiten vivir internamente y sentir el mundo tridimensional. El espíritu humano o el ser entidad de luz no puede interactuar con la forma física o masa sin un cuerpo humano. Nuestra chispa de vida ha tomado residencia en nuestros cuerpos humanos para poder jugar los juegos de la vida tridimensional en la tierra.

Nuestros cuerpos humanos son "formas" a las que nos mudamos durante el nacimiento o muy poco después. Es un "carruaje" en el que viajamos. También es un medio de contacto físico entre usted y los otros en forma física, incluyendo al **Sr.** o la **Sra. Pareja Ideal**.

Sin su precioso cuerpo humano usted no podría sentir los besos amorosos y las caricias que el **Sr.** o la **Sra. Pareja Ideal** le puedan dar. No podría sentir el viento sobre el rostro o abrazar a un amigo, no podría paladear la dulzura de la miel ni oler una perfumada rosa. Usted no podría ver al vasto cielo iluminado por estrellas o el encendido amanecer en el alba o el crepúsculo en el ocaso, no podría escuchar los dulces sonidos de la naturaleza y las voces de quienes ama.

Su sorprendente cuerpo humano fue diseñado o construido especialmente para ser habitado por su espíritu. No hay otro cuerpo humano exactamente como él. Pues tiene sus frecuencias únicas. Los átomos, las células, órganos, torso y extremidades de su forma humana están sostenidos por el enfoque en su chispa de la vida o el espíritu humano. Una vez usted aleje su enfoque o "deseo de vivir" lejos de su cuerpo, sobrevendrá la muerte.

Su cuerpo humano tiene una conciencia propia y sabe que usted es un dios, así que obedece sus órdenes, duerme cuando se le ordena, y le sirve sin dudar. Está asustado y solitario cuando usted mueve su mente y su espíritu al pasado o al futuro. Sólo puede vivir en el momento presente, así que cuando usted tiene fantasías acerca del pasado o se enfoca en el futuro se siente abandonado y teme que usted no regrese a él.

Su cuerpo le ama, aun cuando usted abuse de él y le culpe por todos sus dolores y enfermedades. El trata de manera constante de moverse con sus vibraciones de luz o de mantenerse al ritmo de sus pensamientos que en este punto de la evolución no es posible.

Sin el peso de este cuerpo humano usted se movería de manera natural a la velocidad de la luz, pues usted es una onda de luz o una entidad de luz. A medida que el tiempo pase, usted aprenderá cómo moverse al mismo promedio de frecuencia y será un "graduado" del plano de la tierra humana y podrán viajar juntos a otras dimensiones, como una entidad dios de conciencia unificada, como lo detallo en mi libro, *El nacimiento de la tierra como una estrella*, este planeta y todos sus habitantes vivos están programados para una transformación increíble o un cambio colosal de paradigma, no es el fin del mundo, pero sí es el principio de una increíble *Epoca de oro* en la tierra.

Es muy importante que todos nosotros comencemos a darnos cuenta de cuán único e invaluable es nuestro cuerpo humano. Sí, puede parecer demasiado gordo, o demasiado delgado, demasiado bajo, demasiado alto, demasiado enfermizo y no tan perfecto o apuesto como nosotros preferiríamos. Sin embargo, es el diseño exacto y la forma que nosotros personalmente hemos creado. No fue formado por una agencia "externa". Su cuerpo fue un trabajo desde "adentro", por esto quiero decir que cada átomo y célula ha sido hecha por usted. Si no está feliz, con el tiempo usted puede ocasionar los cambios que desee.

Sin embargo es importante que lo ame como es ahora. Usted puede amarlo hasta lograr la forma o diseño que desee, o puede "odiarlo" hasta convertirlo en una forma diferente o darle más salud. Percátese de que es único. Ámelo. Acarícielo y tóquelo con sentimientos y pensamientos llenos de amor y cuidado, y él responderá de acuerdo.

Usted puede aumentar su salud, su energía, su resistencia, e implantar nuevas programaciones genéticas en él. Su cuerpo es y ha sido siempre su posesión más preciada. El **Sr.** o la **Sra. Pareja Ideal** serán casi una copia de usted. Él o ella tendrá un cuerpo como el suyo. Si usted ama su cuerpo, también amará el cuerpo del **Sr.** o la **Sra. Pareja Ideal**, y del mismo modo el **Sr.** o la **Sra. Pareja Ideal** amará su cuerpo.

Hay suficiente conocimiento o información disponible en este libro para usted y en muchas otras fuentes confiables para guiarlo de vuelta a una buena si no excelente salud de su cuerpo. Nadie más en la tierra lo hará por usted. Su cuerpo está totalmente bajo su propio control. Es su propia responsabilidad divina, educarse en cómo darle la nutrición adecuada, el descanso adecuado, sueño conveniente y un poco de ejercicio diario.

El principio universal es , "*Lo que usted no utilice, lo perderá*". Es por eso que las personas de edad avanzada que se retiran y literalmente no hacen nada, se enferman muy pronto y mueren. Los ciudadanos del mundo que viven de forma natural hasta alcanzar una "edad avanzada" de cien años o más, casi siempre son activos. Tienen una pasión por todo en la vida.

Los científicos descubrieron que deberíamos vivir de manera natural y saludable hasta por lo menos ciento veinte o ciento cuarenta años. Personalmente yo determiné hace muchos años que mantendría mi cuerpo en excelente salud por lo menos hasta la edad de ciento cuarenta y tres años, pues apenas he comenzado la "labor de mi vida" en la tierra. Tengo toda la intención de "graduarme" en *esta* vida. Otros lo han hecho, así que sé que también yo lo podré hacer.

Aprenda a amar y a apreciar el tener un buen cuerpo humano que funcione. Manténgalo saludable, relajado y contento, y él hará lo mismo por usted, y el **Sr.** o la **Sra. Pareja Ideal** también lo amará.

Capítulo 19

La emoción de las relaciones abusivas

$\mathcal{U}$no creería que cualquiera que es abusado físicamente de manera constante en privado y con frecuencia avergonzado en público querría seguramente abandonar a su pareja, pero esto pocas veces es así. Aún si golpean y aterrorizan al hombre o a la mujer casi a diario, esto brinda o satisface una necesidad extraña de emoción que las personas abusadas físicamente buscan o desean.

El individuo abusado preferiría tener el estímulo personal de ser "maltratado" y lesionado físicamente a encontrar y vivir con una pareja que fuera tranquila, pacífica y que demostrara siempre una disposición calmada y equilibrada.

Lo que sucede en realidad es que cuando la naturaleza genética de una persona la predispone a desear el abuso, con el tiempo atraerá hacia ella a una pareja que tendrá la predisposición de abusar de otros. Sin embargo, cuando se unen por primera vez, ambos mostrarán sus "mejores aspectos" mutuamente y con frecuencia pasarán a una relación amorosa rápida y tórrida. El amor mutuo será demostrativo y su frenesí sexual continuará durante semanas y hasta meses. Hay un cierto punto en donde la pasión inicial o la emoción se adormece y la comunicación sexual se ha enfriado, uno u otro sentirá la necesidad de mayor emoción y una situación de abuso se desarrolla.

Después del abuso inicial, la pareja se "reconciliará" y disfrutará de unos cuantos días de sexo ardiente y hasta mostrará señales de amor mutuo. Sin embargo, esto también se enfriará con el tiempo y otro evento de abuso tendrá lugar, para repetir la reconciliación, sexo apasionado, enfriamiento y *más* y *más* abuso físico.

El abuso alcanza un cierto nivel en donde es evidente para la parte abusada que él o ella morirá si no sale de esa relación abusiva. La persona abusada por fin consigue ayuda, se divorcia, y ahora experimenta la emoción de ser libre, y puede celebrar con un comportamiento de promiscuidad sexual.

Después de un tiempo, él o ella se aburre, aún con una pareja perfecta que es amorosa, amable, muy estable y en paz consigo misma y con el mundo. Podría ser un buen enlace, pero la persona que lleva en sí genes que desean el abuso, no verá la bondad o el amor de esta pareja. En cambio, se sentirá aburrida y comenzará a enviar señales de que quieren entrar en otra relación abusiva "emocionante".

Una persona nueva aparece y está lista para interpretar el papel de abusador. Fuegos artificiales explotan en su primer encuentro. Ambos están emocionados de encontrarse, sigue un sexo apasionado, el matrimonio, o mudarse a vivir juntos, y con el tiempo, la emoción se desvanece y una nueva ronda de abuso físico violento se reinicia. Si la persona abusada logra sobrevivir, él o ella se divorcia o se libera y pronto se aburrirá de nuevo y comienza a buscar a otra pareja abusadora, quien ciertamente no será ni el **Sr.** ni la **Sra. Pareja Ideal**.

Si usted es uno de estos dos "jugadores," abusado o abusador, leer acerca de la situación descrita anteriormente puede ayudarle a despertar y encarar su problema. Usted nunca encontrará al **Sr.** o la **Sra. Pareja Ideal** hasta que se percate de lo que está sucediendo y supere de manera consciente el mensaje que sus genes le están enviando.

En este punto sus genes no buscan ternura, paz, calma ni amabilidad, aún si esto es de manera precisa lo que usted encontrará en el **Sr.** o la **Sra. Pareja Ideal**. Sin embargo, como afirmamos con anterioridad, pero necesitamos repetir, usted no verá, ni siquiera notará estas cualidades en el hombre o la mujer que podría ser perfecta para usted, ya que en la actualidad sus genes buscan alguien que abuse de usted, o alguien de quien usted pueda abusar. Esto necesita ser corregido si va a encontrar al **Sr.** o la **Sra. Pareja Ideal**. Yo sugiero que obtenga y lea una copia de mi libro, *Cuarto mental de espejos – Una técnica de autoterapia,* ya que puede ser una guía de mucha ayuda para permitirle a usted, *encarar, aceptar borrar y reemplazar* su programación genética vieja.

Si usted es un abusador en las relaciones, seguro que sentirá una gran cantidad de culpa y autoarrepentimiento que necesita liberarse. Si usted es la parte abusada, también sentirá culpa por permanecer en una relación que no funciona y necesitará descargar eso de manera inmediata.

Mi experiencia personal de muerte a la edad de dieciocho años me dio una visión de la realidad que yo nunca podría haber tenido de otra manera, y elevó de manera muy grande mi autoestima y sentido de libertad sin barreras. Sin embargo, el día que se me enseñó a liberar la acumulación de *culpa y arrepentimientos* de toda una vida fue casi igual al sentido personal de liberación que había encontrado durante mi travesía dramática a través de la muerte y mi regreso. Usted encontrará que el peso de la carga del mundo parecerá desaparecer de sus hombros en ese momento. Sentirá una elevación y una ligereza en su ser y podrá comprender que en verdad es un espíritu humano desencadenado en forma humana, lo que es imposible ver o sentir cuando estamos velados por capas y capas de sentimientos de culpa oscuros, dolorosos y despreciables.

Si usted ha sido el abusador o el abusado en relaciones pasadas, escuche: usted es más grande que los genes o su cuerpo. Sin embargo, es sólo cuando usted conoce o anula la energía de su problema genético o supera el impulso genético por medio de un patrón de hábitos nuevo y deseado con mucha intensidad, que cualquiera de estos métodos podrá "liberarle".

Comience a ver y a relacionarse con la "realidad" de forma diferente. *El universo se reorganizará para acomodar su nueva imagen de la realidad.* Usted merece a un **Sr.** o **Sra. Pareja Ideal** como cualquier otro ser humano divino en la tierra. Este sendero entre usted y el **Sr.** o la **Sra. Pareja Ideal**, siempre se está desplegando.

Capítulo 20

Sus genes lo pueden ayudar en su vida amorosa

$\mathscr{C}$omo tal vez ya sepa o habrá adivinado, sus genes determinarán qué clase de "vida amorosa" está usted programado a satisfacer. Si su padre, abuela, y tatarabuelo o tres progenitores directos cualquiera tenían una vida amorosa predominantemente feliz y satisfactoria, será muy satisfactorio para usted y su pareja pues él o ella tendrán el mismo tipo de genes. Ustedes dos serán "almas gemelas" reconocidas por la mayoría de las personas alrededor de ustedes. Encajarán como guante en mano y una cierta aura brillante les rodeará cuando estén juntos. Si encontrar el **Sr.** o la **Sra. Pareja Ideal**, temprano en su existencia era su deseo, usted escogió el tipo de genes adecuado.

A medida que nos adentramos en el estudio de cómo nuestros genes afectan todos los estadios de nuestra vida, usted también comprenderá, hasta cierto punto, por qué ha o no escogido los genes que lleva o que no lleva. Su autoconocimiento es la clave básica para superar sus genes, y así estará listo para poder seguir adelante e invocar al **Sr.** o la **Sra. Pareja Ideal**. Comprender su compuesto genético le permitirá enfocarse más en lo que usted desea de la vida o a desprenderse de lo que no desea.

La mayoría de los lectores de este volumen no tendrá una línea directa de tres progenitores con vidas amorosas satisfactorias, a menos que un ser amado haya muerto, ya que ese tipo de configuración genética les traerá otro **Sr.** o **Sra. Pareja Ideal** tan igualmente perfecto para ellos en este momento de su edad o estado de crecimiento. Por lo tanto, sigamos adelante para ver qué tipo genético seleccionó usted.

Capítulo 21

¿*Qué clase de tipo genético
seleccionó usted?*

A̸ntes de nacer usted seleccionó el tipo genético que quería y lo mismo hice yo. Nadie más puede hacer ese trabajo por usted o por mí. Los genes dominantes en ambos fueron autoescogidos. Por lo tanto, debemos vivir con ellos, *o cambiar el código genético no deseado.*

Yo seleccioné genes que me darían una vida larga. Mi abuelo por el lado de mi madre vivió hasta superar los cien años, y mi abuela por el lado de mi madre vivió hasta más de noventa, mientras que mi madre vivió de manera muy saludable hasta la edad de noventa y dos años. Este código genético me ayudará a alcanzar mi meta de vivir de manera *saludable* hasta la edad de ciento cuarenta y tres años. También quería mucha fuerza física. Mi padre fue conocido como el hombre más fuerte en la comunidad hasta que murió a una edad temprana en un accidente. Su padre también debió tener una gran fuerza física, ya que a la edad de diecinueve años yo fui el campeón de lucha libre de un gran tanquero petrolero en el que servía como marinero en la Marina de los Estados Unidos.

Gané todos los encuentros de lucha libre gracias a la fuerza física aún en contra de levantadores de pesas musculosos que pesaban cincuenta kilos más que yo. Todos mis encuentros terminaban en uno o dos minutos. Lo suficiente para tomar a mi oponente y lanzarlo al piso. Ya podía doblar barras de metal pesado, y le enseñé a varios oficiales navales cómo utilizar la dinámica de desarrollo muscular que yo había aprendido, lo que casualmente, me ayudó a superar la parálisis ocasionada por el polio que había sufrido un año antes. Más tarde cuando me retiré de la Marina, le mostré a Paul Mead, un buen amigo, cómo podía doblar postes metálicos gruesos de medidores de estacionamiento. Ambos habíamos estado bebiendo cerveza esa noche y doblar un medidor de estacionamiento parecía un buen deporte. Paul no creía que yo lo pudiera hacer, y me retó a que le mostrara.

Acababa de doblar mi segundo poste hasta el suelo, cuando un autopatrulla llegó hasta nosotros, ambos fuimos arrestados y nos llevaron hasta la estación de policía en St Joseph, Michigan. Allí, uno de los oficiales que nos interrogaba cometió el error de insultarme. Salté sobre él y lo derribé al suelo de un golpe. El segundo oficial se me lanzó y también lo derribé con otro golpe. En segundos un enjambre de unos doce policías se aproximaron de todas direcciones. Decidí dirigirme hacia la puerta principal. Varios oficiales trataron de contenerme, pero yo era demasiado fuerte y los halé hasta la escalinata que conducía a la calle. El grupo de oficiales me rodeaba y a medida que cada uno se acercaba, sencillamente yo los derribaba. Varios de ellos se acercaron con cierta cautela, blandiendo sus bolillos y uno de ellos me asestó un golpe en la cabeza. El golpe me hizo sentir sobrio y yo comencé a reírme ante la cómica escena . Sabía que no podría luchar contra toda la fuerza policial durante mucho tiempo, así que grité. "Me rindo" y levanté mis manos como había visto en las películas, todavía riendo. Varios de ellos se apresuraron hacia mí, me esposaron y me condujeron muy pronto a una celda. El hecho más importante que me mantenía lejos de caer en problemas serios, era mi condición de estrella famosa de béisbol del equipo local, así que el Sr. Gillespie, el jefe de la policía, me liberó sin cargos ni multas temprano en la mañana. Mientras esperaba a ser liberado, el segundo oficial de policía se me acercó y me ofreció su mano, diciendo: "Permíteme estrechar tu mano, eres todo un hombre".

Años más tarde él se convirtió en el jefe de policía en Buchanan, Michigan, y un día, muchos años después, disfrutamos riendo al recordar: "el día en que tomé a toda la fuerza de policía de St Joseph". Está en mis genes.

Otra característica que seleccioné en mis genes del lado alemán de mi familia fue el terco "mantenerme fiel a mis principios". Aprendí muy temprano a no ceder en mis metas. Si se persiste, casi cualquier cosa que usted imagine se convertirá en realidad. También adquirí genes llenos de culpa y percatarme de eso, me tomó bastante tiempo. Pude superarlo después de una lucha interna de un día, gracias a un profesor muy sabio.

Ahora conocen algunos de los genes que yo elegí; *¿qué tipo de genes eligió usted?* Casi todos los juegos que jugamos provienen de nuestros genes, así que si usted se ha percatado de los juegos que practica, ya está en el sendero para develar o descubrir los genes no deseados en su cuerpo.

Hay 20 mil millones de ancestros que claman ser escuchados en mis genes y en sus genes. Los que gritan más fuerte e insisten más para que usted haga lo que ellos desean pertenecen a las últimas siete generaciones de sus progenitores. Exploremos juntos ese territorio.

Capítulo 22

Explorando
su código genético

$\mathcal{S}$us genes están compuestos de ADN, una forma de ácido que tiende hacia un archivo en forma de escalera formada por nódulos de memoria presente en todas nuestras células humanas. Hay miles de millones sobre miles de millones de estos nódulos o genes en nuestras células. Cada nódulo está vivo con la memoria de su experiencia breve en forma humana mientras residió en el cuerpo de uno de esos billones de ancestros que le precedieron a usted.

En un sentido, usted puede ver estos nódulos como pequeñas "cargas" eléctricas. Cada una sostiene una vibración única o patrón de vibración de frecuencia.

Su memoria no es una cosa visual. Es una *sensación* que proviene de un "evento en el tiempo" que usted o sus ancestros han experimentado. Llega a su campo consciente primero como una sensación y después es transformado a través de la zona visual de su cerebro a una imagen o pintura percibida en forma dimensional. Cuando usted se imagina una banana madura amarilla, en realidad no está viendo una banana formada nuevamente en la zona óptica de su cerebro o en el ojo interno de la mente. Usted ve una forma de banana formada por bananas reales que sus ancestros y usted han visto, saboreado, tocado u olido en realidad. Cada vez que usted comió una banana, o sus progenitores tocaron o comieron una banana, esto se registró como un nódulo de la memoria.

Contrario a lo que se piensa, un cerebro no piensa. Un cerebro es sencillamente una computadora poderosa. Puede tan sólo computar lo que se ha colocado en ella. Cuando usted tiene la visión de una banana, su cerebro computadora busca todo el archivo de bananas *conocidas* en su código genético, las suma y saca un equivalente de la forma de banana en forma y color en su mente.

Con una base de momento a momento, sus genes responden a los impactos que usted siente cuando recorre el camino de la vida. Con frecuencia usted conocerá a alguien hacia quien siente una simpatía o un repudio instantáneo y usted cree que el sentimiento proviene de su mente consciente, cuando no es así. Viene del caldo químico u ondas eléctricas que bailan en su cerebro. Sus genes le están diciendo qué le gusta, o qué no le gusta. Y todo el tiempo usted creyó que *usted* hacía sus propias evaluaciones buenas o no tan buenas de la persona o de la situación dada. *Lo hicieron sus genes.*

Es por eso que he enfatizado la importancia de *saber* con exactitud qué hacen sus genes. Si sus genes le dicen a usted que hay un mundo terrible y poco seguro allá afuera, será mejor que dé otro vistazo. Si sus genes le dicen que usted no puede o no encontrará al **Sr.** o la **Sra. Pareja Ideal**, usted necesita hacer que su cuerpo, cerebro y genes sepan con exactitud qué es lo que desea. Si no, sus genes sencillamente no le permitirán al **Sr.** o la **Sra. Pareja Ideal** llegar a usted. Sus genes le repudiarán en vez de atraerle. Sus genes están cumpliendo "su función." Es lo que sus genes son. Ellos no pueden hacer nada diferente. Pero usted sí puede. El arte es separarse usted y su voz de los miles de millones de otras voces que residen en sus genes y que quieren "interpretarlo a usted". Es por eso que todos los buenos profesores, le dirán que "deje de correr" todo el tiempo. Deténgase y aprenda a *actuar* en vez de *reaccionar*. Es su cuerpo el que le dice lo que debe hacer. ¿No es hora de que se detenga, escuche, y responda con un "no" o "sí" consciente, basado en lo que usted, en *este* cuerpo, en este *momento,* en este *lugar* o "época" quiere decir, hacer, pensar o sentir?

En vez de interpretar el humilde servidor de su cuerpo, gire las circunstancias ahora y comience a interpretar un papel más evolucionado como amo de su cuerpo. Si yo lo puedo hacer, usted lo puede hacer. Entonces el **Sr.** o la **Sra. Pareja Ideal** también será un hermoso automaestro y por lo tanto será un amante seguro y lleno de diversión.

Capítulo 23

Tres generaciones
de amantes

*R*egresando a nuestras *tres generaciones de amantes* puede tener la certeza que si usted ha tenido tres generaciones de padres, abuelos y tatarabuelos que eran amantes, sus genes le empujarán y halarán hasta hacerle un amante también. Entonces el **Sr.** o la **Sra. Pareja Ideal** ya está comenzando a compartir su gran amor con usted. Si no, puede estar seguro que sus genes lo harán, en especial después de leer y poner en práctica este conocimiento, ya que cuando usted *ve* más, *hay* más. Si hacia esta página del libro, usted ya ha "atrapado la visión" y es capaz de ver al **Sr.** o la **Sra. Pareja Ideal** abrazándole, tocándole, amándole, ese evento satisfactorio a su alma está destinado y usted lo ha hecho así.

Los genes son agentes de todas las formas de evolución, las plantas y los animales también los poseen. Un gene puede ser utilizado para solidificar o imprimir las características nuevas que usted está trabajando, desarrollando o nutriendo. Cuando el implante en sus genes es positivo, sus niños y los niños de sus niños, y descendiendo la línea todos los mostrarán.

Sólo se necesitan tres generaciones para construir un patrón de comportamiento fuerte y continuo. Por otro lado, sólo se precisa de tres generaciones de características negativas, o contradictorias para borrar el patrón del buen comportamiento. Usted puede cambiar una cierta característica de familia que ha estado presente durante siglos y presentar una nueva. Una vez completamente impresa, esa característica nueva será un factor consciente en su vida y en la vida de quienes hereden sus genes.

Lo que usted haga hoy, afecta de forma definitiva lo que sus hijos y los hijos de sus hijos hagan mañana. Usted puede aplicar una fuerza positiva en sus genes o ser responsable por incluir una nueva línea de degenerados. Puede ser alguien que odia o que ama, un ganador o un perdedor. Si odia la vida, será un perdedor, y es probable que esté en sus genes. Significa que tres de las últimas siete generaciones en su línea familiar odiaba la vida en vez de amarla. Sin embargo, usted tiene ahora el poder para reversar ese flujo. No hay diversión en el juego de perder. Cuando se sabe qué juego se está jugando, se puede decidir jugar otro juego. Usted no es tan impotente como parece. Veamos a *tres generaciones de perdedores* y lo que usted puede hacer si es de la tercera o la cuarta generación en esa línea.

Capítulo 24

Tres generaciones
de perdedores

odo el mundo ama a un ganador. Por otro lado, casi todos sienten que son perdedores porque esto está profundamente incrustado en sus genes. Hay billones de nuestros ancestros que sintieron que eran *perdedores,* así que es un sentimiento particular dominante que todos llevamos. Es por eso que sentimos una felicidad tan fuerte pero tan breve cuando en los juegos que jugamos *ganamos.* Ganar es divertido, perder nos deprime.

Si usted ha seleccionado una tripleta de genes perdedores, usted tendrá que superar esos genes con pura determinación para ser un ganador feliz en la vida, o regresar dentro de sí mismo tanto como pueda dar o sentir y *enfrentar, aceptar y borrar* esa sensación. Al mismo tiempo, usted debe *reemplazar* el espacio que antes ocupaba ese gene perdedor con una nueva carga de ADN dinámico que diga que usted es un ganador natural.

Esta técnica de borrado funciona para cualquier sentimiento fuerte y no deseado que provenga de su laguna genética. Cuando ya sabe cómo o por qué usted ha aceptado esos sentimientos de culpabilidad por ignorancia y por voluntad propia, usted le retira la vida a esa culpa. De esa manera 197 estudiantes y yo aprendimos a *encarar* nuestras culpas, *aceptar* nuestras culpas y *borrar* nuestras culpas en un día increíble. Si 198 de nosotros lo pudimos hacer en un día, usted puede hacer lo mismo.

En realidad, las últimas siete generaciones de sus ancestros cargan los genes más fuertes o más dominantes. Si varios de esos progenitores fueron perdedores, usted tiene la batalla personal de elevarse por encima de esa tendencia genética nefasta. La recompensa es borrar y reprogramarse como un ganador seguro.

El **Sr.** o la **Sra. Pareja Ideal** alcanzará victorioso esa misma victoria. Los dos pueden alterar juntos esos códigos genéticos negativos. En cambio, usted podrá darle a sus hijos y a los hijos de sus hijos una sensación de valor o seguridad porque está en sus genes.

Yo sugeriría que si usted no se ha sentado todavía a examinar de manera exacta qué clase de genes manejan o arruinan su vida, lo haga ahora. También puede determinar cuáles son los genes que le apoyan positivamente y que usted ha heredado de las siete últimas generaciones. La regla es siempre, *enfocarse,* y por lo tanto llenar con energía sus genes positivos o *desenfocar,* y de esa manera retirar la energía o retirar la vitalidad, de sus genes negativos.

En este último proceso, ya que la naturaleza aborrece el vacío, usted sencillamente convierte ese gene negativo en su interior cubriéndolo con una capa de sentimientos positivos. Las capas se hacen más y más gruesas a medida que usted logra transmutar su creencia o actitud en una "realidad" personal brillante. Cuando logre adentrarse lo suficientemente profundo en sus genes físicos y más allá, hasta su dios interior, usted sabrá sin lugar a dudas que *es un ganador.*

Capítulo 25

Generar una carga eléctrica
"yo estoy disponible"

$\mathcal{U}$sted ahora está en camino de atraer al **Sr.** o la **Sra. Pareja Ideal** hacia usted o usted hacia ellos. Lo que se necesita en este punto es su deseo, intensidad e impulso para generar la descarga eléctrica "yo estoy disponible". Tal vez usted ya tenga un apoyo genético para esto. Si es así, eso acelerará el factor tiempo de manera considerable. Si no, o si sus genes trabajan en contra de usted, necesitará utilizar una técnica de *descentración* para superar a sus genes. En cualquier caso, la descentración, lo opuesto de concentración, le lleva de vuelta más allá del aspecto *eléctrico* del universo a su fuente *magnética*.

La descentración cambia su dirección, como nosotros y nuestras ciencias que por lo general nos movemos de lo particular o específico a lo universal o a un todo. Cuando usted está centrado, lo que es una buena posición personal, usted se mueve al mundo tridimensional que va del todo a lo específico, o de lo universal a la parte. Usted puede saber de dónde viene y adónde va. También atrae el poder del universo para lograr sus metas.

- ¿Cómo se descentra? Fácil, de hecho, la tranquilidad lo logra. Encuentre un lugar en donde pueda sentarse o acostarse a solas, para comenzar. Más adelante, lo podrá hacer mientras esté de pie en cualquier parte en cualquier momento, pero para empezar es mejor entrar a un campo de soledad y silencio.

- Una vez solo, usted hará de manera consciente los siguientes movimientos de concientización.

- Relaje su cuerpo por completo.

- Aclare su mente de todos los pensamientos, excepto *estar listo y disponible* para el **Sr.** o la **Sra. Pareja Ideal**.

- Tome un aliento tranquilo y profundo.

- Ahora mueva su conciencia tan profundamente dentro de usted como le sea posible. Usted se adentra en el espacio más calmado, más gentil que puede encontrar dentro de su ser.

- Continúe moviéndose más y más dentro de la sensación de ese espacio tranquilo y calmado.

- Si en este punto usted comienza a sentir las "vibraciones internas" de traumas pasados o se cruzan pensamientos y actividades diarias, haga una pausa por un momento para ubicar y enfocar en esa vibración sutil pero irritante.

- Sostenga su atención un momento.

- Ahora, imagine que su mente tiene un par de tijeras inmensas y afiladas en ella, tome mentalmente esas tijeras y corte esa vibración en la mitad, como cortando una banda de caucho estirada, así liberará toda la energía de esa banda de vibración o "preocupación" no deseada. Sienta cómo se aleja...

- Ahora, revise su espacio interno y vea si esa vibración sutil ha desaparecido. Si no, repita el procedimiento anterior del corte con las tijeras en tantos "cortes" como sean necesarios para sentir que no hay más vibraciones tridimensionales pasadas no deseadas interfiriendo con su campo o espacio tranquilo y gentil.

- Permanezca en ese espacio gentil e increíble de quince a veinte segundos. Al mismo tiempo, *no piense*. Sencillamente *sienta* que usted se está recargando eléctricamente, con la suficiente fuerza para que el **Sr.** o la **Sra. Pareja Ideal** comience a sentir su halón personal o magnético "yo estoy disponible".

- Siga *emitiendo* este mensaje altamente cargado al **Sr.** o la **Sra. Pareja Ideal**. Siéntalo, no se concentre en *pensarlo*. Ponga toda la felicidad que pueda en ese sentimiento.

- Cuando *sienta* un "click" sutil, usted sabrá que ha logrado establecer contacto, sin importar en qué parte de la tierra se encuentre en este momento el **Sr.** o la **Sra. Pareja Ideal**.

- Sostenga esa buena sensación de estar en su espacio más gentil durante tanto tiempo como se sienta cómodo.

- Con mucho cuidado, ahora mueva su conciencia a su cuerpo tridimensional.

Felicitaciones, usted ha logrado superar sus señales genéticas y enviar una comunicación de que *usted está disponible,* fuerte y con alta carga al **Sr.** o la **Sra. Pareja Ideal**.

- Repita este ejercicio a diario con tanta frecuencia como usted desee. Le recomiendo que lo haga por lo menos una vez, antes de dormir. La parte buena es que puede utilizar las técnicas de descentración y de emisión mencionadas anteriormente para todo lo que su espíritu humano desee. Note cómo siente el cambio, cuán relajado y centrado se sentirá cuando tome conciencia de nuevo en su cuerpo después de la descentración.

Al mismo tiempo, percátese de que la telepatía también funciona. Utilice lo que ha aprendido o puede aprender en este libro acerca de la mente para convertirla en su agente poderoso. A cualquier hora del día, o antes de dormir, usted también puede enviar un mensaje mental al **Sr.** o la **Sra. Pareja Ideal**, dando su ubicación física, diciendo que le ama profundamente y que desea mucho que él o ella vengan a usted tan pronto sea posible.

Además de la telepatía, también existe la comunicación telepática desde el plexo solar al plexo solar, a través del "cuarto cerebro" o materia gris en su órgano del plexo solar. Este es el "centro de emociones" en el cerebro primitivo o nivel animal. Es así como un animal se comunica o ubica a sus crías. En nuestra especie humana, es cómo una madre sabe cuando su hijo o hija se encuentra en peligro extremo. Mi madre sintió y vio una escena de clarividencia de un accidente terrible de automóvil en el que yo estaba involucrado. Hasta vio mi alma en la forma de una espiral de un material como una niebla que abandonaba mi cuerpo inconsciente, y que se detenía en el aire sobre mí, como determinando si se iba o se quedaba. Aparentemente decidió quedarse y se devolvió en otra forma lenta de espiral, entrando a mi cuerpo lesionado e inconsciente.

Para acentuar la comunicación, la escena se repitió de manera exacta una segunda vez. Hasta vio el auto en el que yo era un pasajero moverse a alta velocidad, resbalar de repente sobre un trecho de hielo, golpear la baranda de seguridad al costado de la vía, estrellarse contra ella, y lanzarse 6 metros hasta el suelo. Ella me vio ser lanzado del auto cuando golpeó la baranda y al auto seguir mi cuerpo barranco abajo y caer encima de mí. Mientras tanto yo tenía ese accidente en otro lugar a más de ciento cincuenta kilómetros de distancia.

A propósito, esta "visión doble" de repetición exacta del mismo mensaje síquico está en *mis genes* , porque también he experimentado visiones síquicas cognitivas o advertencias, repetidas dos veces, para enfatizar.

Al utilizar la telepatía para comunicarse con el **Sr.** o la **Sra. Pareja Ideal**, si usted lo siente bien fuerte, al mismo tiempo le golpeará en su estación de emisión del plexo solar, así que el mensaje pasará por los dos canales. El receptor también puede recibirlo a nivel visceral o a nivel de la cabeza, o en ambos niveles, dependiendo del estado de su conciencia en ese momento.

El punto más importante en esta coyuntura es hacer todo lo que pueda para emitir su mensaje "estoy disponible" o carga eléctrica para el **Sr.** o la **Sra. Pareja Ideal**. Sus fenormonas también estarán emitiendo señales aéreas con el mismo efecto. Todo está bien. Usted está tomando más control de su vida consciente en cada momento. *¿No es esto divertido?*

Capítulo 26

Desarrollando
su poder mental

$\mathcal{E}$ ste capítulo y el último, con todos los demás como base, son los capítulos más importantes en este libro. Pocas personas comprenden en verdad lo que es la mente y cómo funciona. Los científicos lo dejan al territorio de la sicología, y a la mayoría de los sicólogos no les enseñan nunca cómo funcionan en verdad nuestras mentes humanas. Esos pocos sicólogos que sí lo comprenden han ido más allá de los libros de texto para su información y son por supuesto sobresalientes en su campo. Si usted es uno de ellos, le felicito calurosamente. Tal vez sepa también que nunca hay un final para el conocimiento. Siempre es una plataforma en la que nos paramos hasta que el conocimiento exige que pasemos a una plataforma "más alta" o "más grande", y las plataformas nunca terminan.

Antes que nada, eso de "su mente" o "mi mente" es un gran error. En realidad sólo hay *una mente,* pues la mente y la masa en cualquier forma universal, solar o planetaria está inexplicablemente interconectada. No se puede separar la mente y la forma, o la mente y la masa, o más pertinente aún, la mente y el cuerpo.

De esta manera, el cerebro y la mente están atados, aún si desde otro punto químico y eléctrico son tan diferentes como el hielo y el vapor. Incluso esta analogía puede llevar a conclusiones equivocadas, si no se examina mejor. No sólo están el agua, el hielo, y el vapor compuestos por los mismos elementos, las diferencias mayores en plataformas se ven en sus grados de *congelación,* o *descongelación.* De la misma forma, y desde otro punto de vista, sólo hay una sustancia básica que compone toda la masa. La única diferencia entre un grano de arena, la carne humana, o una barra de hierro, es *la presión,* ya que nuestro universo en particular está basado en el carbón. Se puede aseverar de manera correcta que cada forma de materia sin excepción, es según el grado de presión, congelación o descongelación, lo que le que da forma, peso, textura y sabor diferente, o diversas apariencias.

También, desde otra perspectiva uno puede afirmar que todo en nuestro universo se compone de un estado de luz negra o luz blanca. Desde ese punto de vista, la *absorción* y el *reflejo* son tan sólo dos principios universales que pueden medir el "estado" o forma de cualquier masa en cualquier tiempo dado en nuestro universo.

Nosotros los seres humanos operamos por el aspecto eléctrico y químico de nuestro universo. Por lo tanto todas las "cosas", incluyendo a nuestros propios seres, deben operar en un estado dual eléctrico o químico. La *atracción* y la *repulsión* son las fuerzas activas en el aspecto eléctrico de nuestro universo. Y la *absorción* y *reflejo* son químicos. Por lo tanto, el rango pequeño o grande de la mente que usted use personalmente de momento a momento atrae o repele, y su cuerpo humano y cerebro lo absorbe o refleja.

Esto le da ahora una buena base para comprender a la mente universal o humana. *Hu* representa a Dios, y cuando usted combina a *Hu* con el hombre, indica la forma humana o de Dios- hombre.

Todo este universo está compuesto de manera literal por la *mente*. La mente no está sólo en su cabeza, en mi cabeza, o en la cabeza del **Sr.** o la **Sra. Pareja Ideal**, la mente está en todas las cabezas. La mente rodea cada partícula, átomo, célula, órgano, extremidad y forma de "masa" en el cosmos.

Si usted piensa esto de manera detenida, se dará cuenta que es esta mente universal, que todo lo cubre, que todo lo incluye lo que nos permite comunicarnos, ya sea de cerca o de lejos. La distancia no significa nada para la mente. El pensamiento está de manera instantánea en cualquier parte donde se enfoca. Usted puede utilizar su mente para situarse en la luna, en una estrella o en una violeta que se asoma en medio de la hierba verde a sus pies. Si no hubiera unidad de mente en la luna, o en ese estrella o alrededor de la violeta, usted no podría ser consciente mentalmente de ella.

Si, por otro lado, algo se interpone en el camino o bloquea su visión mental *física* de la luna, de la estrella o de la violeta, usted no sabría que existe a menos que tuviera un conocimiento mental anterior de ello. Nuestra percepción física depende del registro en nuestro cerebro.

Como dijimos antes, es seguro que el cerebro es la base e inspiración para la construcción humana de la computadora. Nuestro cerebro humano es una supercomputadora, pero no piensa. En el mismo orden de ideas y para sorpresa de muchos, estoy seguro, que tampoco la mente piensa. Tanto la mente como el cerebro cumplen la misma función de alguna manera, y no es la de registrar información. Su cerebro y su mente son dos grabadoras sorprendentes. Es por eso que al morir experimentamos una regresión. O un recuerdo de *todos* nuestros pensamientos, sentimientos y acciones llevados a cabo durante nuestra breve vida en forma humana. Este recuerdo es muy vívido. *Lo sé por experiencia personal.* A mi muerte a la edad de dieciocho años, pasaron por mi mente todos mis dieciocho años de vida en un instante. Sin embargo, paradójicamente tuve suficiente tiempo para evaluar o pesar *cada* uno de mis pensamientos, sentimientos y acciones durante esos dieciocho años. También tuve la oportunidad de revisar dos vidas anteriores, en la antigua India y en el viejo Egipto cuando fallé y no cumplí con lo que había venido a hacer en la tierra. Esa experiencia hizo que me diera cuenta de lo importante que es hacer lo que deseamos hacer de manera creativa, mientras tenemos la oportunidad de oro de tomar prestados y utilizar nuestros magníficos cuerpos humanos en la tierra.

Su mente es más poderosa que un rayo láser, *si usted aprende a enfocarla.* La mente puede ser utilizada para ampliar o contraer, como un telescopio o un microscopio. La mente siempre está en movimiento, así que usted necesita practicar su control y su uso. La clave es *enfocarse*. Cuando usted puede disciplinarse o enfocar su mente en un solo punto, entonces en verdad se hace más poderosa que un rayo láser. Yo sugiero que usted comience de inmediato realizando algunos ejercicios de enfoque mentales.

El que yo personalmente prefiero, que también recomiendo en mi libro *Su alma gemela le llama*, es como sigue:

- Vaya a solas a un estudio o alcoba.

- Encienda una vela y colóquela para que usted pueda verla a nivel de los ojos, y por lo menos a dos metros de distancia de usted, mientras está sentado en una posición cómoda, o en la posición yoga del loto.

- Ahora, mire la llama de la vela con ambos ojos, evitando parpadear tanto como pueda, durante el tiempo que pueda.

- No se desconcentre si parpadea varias veces dentro de los primeros diez o quince segundos. Sencillamente siga enfocándose en la llama de la vela.

- Practique este ejercicio dos o tres veces a la semana.

En unos cuantos meses usted podrá darse cuenta de cuán fuerte es su agilidad y enfoque mental. Yo he trabajado con más de mil personas que se sentaron y enfocaron sobre la misma llama de una vela encendida, sobre un escenario, *durante una hora*. Así que un ejercicio de enfoque durante quince minutos es algo que cualquiera puede aprender a hacer, con práctica.

La cosa más importante es mantener todo su cuerpo absolutamente inmóvil durante todo el ejercicio. Si usted siente que tiene que mover su cuerpo, entonces hágalo, pero regrese de inmediato a la quietud de su cuerpo y a su permanente enfoque de sus ojos sobre la llama de la vela.

Una variación de este ejercicio puede ser realizada en cualquier parte, en cualquier momento. Sencillamente enfóquese tan fuerte y durante el mayor tiempo que pueda en cualquier cosa cerca de usted. Trate de mantener su enfoque confinado a una zona pequeña o al objeto más pequeño que pueda, ya que usted quiere entrenar su mente a cerrar y determinar cualquier punto en el espacio que elija. Recuerde, la mente está en todas partes, así que cuando usted tenga un cerebro fuertemente enfocado, usted puede enfocar la mente y cuerpo del **Sr.** o la **Sra. Pareja Ideal**, sin importar en dónde se encuentren en *ese momento*.

Hágalo. Envíeles a él o a ella un poco de su gran amor ahora mismo. El **Sr.** o la **Sra. Pareja Ideal** podrían estar enviándole una onda de amor en este mismo instante.

¿Puede usted sentirlo?

Capítulo 27

Su necesidad básica
por autovalidación

*C*asi cada ser humano en la tierra quiere o necesita un sentido continuo de autovalidación. Esto es verdad en especial cuando estamos centrados en el ego a diferencia de estar centrados en nuestra psique o alma humana. La naturaleza de todo ego es sentirse inseguro. Por lo tanto, hay una falta de apreciación y de autovaloración en todas las entidades centradas en el ego.

El individuo siente que él o ella tiene un inmenso hueco vacío en su interior que tiene que ser llenado y rellenado de manera constante. Sin embargo, entre más coloca dentro, más querrá una persona enfocada en el ego. Parece que nada va a llenar ese inmenso vacío dentro de ellos. *Y nada lo hará.*

El problema emerge del hecho que nadie puede encontrar la validación de su ser a través de otro a través de cosas poseídas. Sin embargo, esto es lo que muchos de nosotros hemos hecho durante muchos años de nuestras vidas. Yo lo hice, mis amigos y amantes lo hicieron, y la mayoría de las personas allá afuera también. Todos nosotros lo hacemos hasta que despertamos al hecho de que la única sensación duradera o permanente de ser válido o de ser una persona autosatisfecha es a través de la autoestima . Necesitamos saber *quién* o *qué* somos en realidad antes de poder encontrar una autovalidación genuina. Cuando sabemos de forma absoluta que somos "dioses en la carne" y no tan sólo "un pedazo de carne", que el gobierno o aquellos en control de los gobiernos mundiales y de asuntos del mundo no son nuestros dueños, o que no somos nuestros cuerpos ni nuestras emociones, ya no necesitamos buscar validaciones externas. ¿Necesita un dios poderoso, brillantes alabanzas, adoración, o compromiso humano? Claro que no.

Su necesidad, si todavía la tiene, de ser validado, también pasará como lo hizo para todo nosotros, cuando usted conozca su gran divinidad interna. Es así de sencillo y también así de rápido. En un momento usted puede ser transformado de una alma doliente, mendiga, de rodillas en un cuerpo humano a un estado de felicidad generoso, arrogante y lleno de salud. Ese gran vacío en su ser habrá sido satisfecho por completo, y nunca se sentirá vacío de nuevo, cuando usted vea o sepa que es una entidad radiante de luz, y no sólo una masa de músculo, carne, sangre, venas y nervios.

Ahora, en vez de buscar validación del ser, usted utilizará su conocimiento recientemente hallado y su porte calmado y centrado para educar a otros acerca de su propia autodivinidad sin precio.

Cuando usted encuentre esta increíble autovalidación dentro de su propio ser, usted podra tener la seguridad que el **Sr.** o la **Sra. Pareja Ideal** también ha encontrado su propia auto validación en su interior. Él o ella es su espejo. El **Sr.** o la **Sra. Pareja Ideal** es lo que usted es.

Capítulo 28

Usted es mucho más grande
que su cuerpo

*A*hora que ya no busca ni necesita auto-validación de alguien o algo "allá afuera", usted ha recuperado mucho autopoder.

En el pasado asumía que usted era solo su cuerpo. Todos debemos pasar por esa fase. La excepción es cuando una entidad de luz reencarna de manera consciente con una continuidad de conciencia. Él o ella sabe por completo quién o qué son y por qué han nacido en forma humana. Un buen ejemplo de esto es el maestro o avatar humano *Sai Baba,* en la India. Si usted no reconoce el nombre, le sugiero que consiga un libro o video de la historia de su vida. Hay cientos y cientos de libros escritos acerca de él en todos los idiomas importantes. Personalmente yo he leído unos cuarenta libros traducidos a mi idioma, escritos por personas de todas las categorías sociales. Desde científicos, siquiatras y sacerdotes, etc, quienes le han visitado, le han aconsejado, o examinado su vida y sus milagros sin esfuerzos.

Yo conozco por lo menos ochenta libros escritos en alemán y pueden haber muchos más. El punto al que me refiero es que *Sai Baba* vino a este cuerpo humano sabiendo desde su nacimiento que él era un ser divino con una misión divina. Supo desde el primer día de su nacimiento que él era más grande que su cuerpo.

Este conocimiento por lo general sólo se despierta cuando estamos en la mitad de nuestra vida, y tristemente, algunas personas entran y salen de sus cuerpos humanos sin percatarse de su ser dios glorioso. Lo que significa que están condenados a repetir el ciclo humano de nacimiento/vida/muerte por lo menos una vez más.

El conocimiento de ser más grande que el propio cuerpo crece con el paso de los años, una vez logre saber que *usted no es su cuerpo,* conocer que su cuerpo y usted son dos entidades vivientes muy diferentes es su primer gran paso. Después de eso, también comenzara a percatarse de que su cuerpo ha estado controlando casi todas las reacciones y acciones en vida y es hora de disciplinarlo o «tomar control" de él.

A medida que el tiempo pasa, usted encontrará que su cuerpo insiste en ir por un camino, pero como usted es más grande que él, usted decide hacer otra cosa. Un buen ejemplo de esto es ver como la mayoría de las personas que están pasadas de peso, comen demasiado. Si usted es más grande que su cuerpo, de manera *consciente* usted se disciplinará e intentara comer mucho menos, si es necesario.

Claro que otra razón válida, como ya lo dijimos antes en este libro, una condición básica para el sobrepeso es el consumo de comida chatarra y alimentos procesados. A su tracto gastrointestinal le hacen falta organismos basados en tierra o "la bacteria buena", la que tiene el trabajo de mantener al cuerpo humano saludable, vital y productivo de manera creativa y a su sistema inmunólogico funcionando de forma apropiada.

En verdad, como ya lo demostró Sai Baba uno necesita suficiente alimento, no mas del tamaño del doble de su puño diariamente, para mantener un cuerpo humano delgado, en forma y saludable. Claro que ese puñado no deben ser alimentos procesados o comida chatarra, y debe ser recogido e ingerido cuando esté maduro y fresco, y debe incluir "bacteria buena", preferiblemente *organismos basados en la tierra* en vez de esos que se consiguen de leche agria, yogurt y otras fuentes parecidas. Sugiero que usted consiga mi libro, *Super salud,* si quiere saber más de buena salud para el cuerpo.

De nuevo, ya que el **Sr.** o la **Sra. Pareja Ideal** reflejarán su estado evolucionario, él o ella también sabrán de manera consciente y serán más grande que su cuerpo. Es probable que esto signifique que el **Sr.** o la **Sra. Pareja Ideal**. también esté en proceso de ser más saludable y más atractivo físicamente para sí mismo y *para usted.*

¿Es usted más grande que su cuerpo? Si no, utilice el conocimiento que obtenga de este libro para poder saber que lo es. El **Sr.** o la **Sra. Pareja Ideal** lo apreciará enormemente.

Capítulo 29

Su necesidad primitiva
de compartir

$\mathcal{T}$odos nosotros tenemos una necesidad muy profunda de compartir. Es sin duda, la necesidad más primitiva dentro de nuestros seres divinos. Pasó a nosotros de manera directa de nuestro Creador.

Al principio, cuando no había tiempo ni espacio como conocemos el tiempo y el espacio, el Creador o Fuente Primitiva de todo lo que es (y no es) estaba solo y por lo tanto solitario. La Fuente Primaria desarrolló un deseo muy fuerte de compartir la creación con alguien igual a él mismo.

Se convirtió en un gran dilema que creció y creció. Finalmente la solución se hizo aparente. La única forma en que la Fuente Primaria sabía cómo compartirse con otro igual o con una variedad de seres iguales, era creando entidades vivas que provenían de fragmentos de si mismo. La idea explotó en realidad y es lo que nuestros científicos de la tierra llaman la gran explosión. Los científicos han estudiado y medido los cielos y los cuerpos celestiales que nosotros llamamos estrellas, o soles o planetas y las galaxias y llegó a la conclusión de que el universo se está expandiendo.

Esto significa que habría un punto en tiempo/espacio cuando todas las masas vistas y medidas en nuestro cielo habrían sido compactados en una pelota de masa, quién sabe de qué tamaño. Por alguna razón, los científicos han llegado al punto de que esta masa comprimida alcanzó un estado crítico de masa y explotó, diseminando sus fragmentos lejos de su centro. Durante eones y eones de tiempo esos fragmentos formaron nuestro universo de manera gradual con órbitas estables de galaxias y sistemas de estrellas. Uno de esos sistemas de estrellas era un sol joven y amarillo, sentado al borde de la galaxia de la Vía Láctea, incluyendo entre otros cuerpos que orbitaban a un cuerpo llamado Tierra que nosotros las entidades de luz en cuerpo humano ocupamos.

Mientras tanto, a través del uso de los principios eléctricos de atracción y repulsión nosotros, las entidades de luz, fuimos polarizados y "nacimos" o empezamos a existir.

Hasta ese punto, la conciencia que es usted y que soy yo se unió en la Fuente Primaria. Y de repente, nos encontramos lanzados de esa UNIDAD, como fragmentos aislados de dios, todos reaccionamos igual. Nos sentimos rechazados, sin saber que habíamos sido deliberadamente liberados como un gesto amoroso incondicional para que pudiéramos evolucionar y "crecer" hasta ser conciencias *iguales* a nuestro Creador o Fuente Primitiva.

En ese proceso, la necesidad de compartir, que empujó a la Fuente Primitiva a explotar o a fragmentarse en incontables "hijos" vivos, llevó consigo esa necesidad primaria o la *necesidad de compartir*.

Si usted ha seguido este proceso en creación entonces podrá comprender por qué tiene esa necesidad tan urgente de compartirse con otro, o con todos los otros de su clase en la tierra. Es aparente en todos los reinos de la creación, aún en el reino mineral, cómo a través de un proceso de nivelación giroscópica, similares se atraen universalmente. Es por eso que cuando se tiene un exceso de fortuna o de conocimiento transformador nuevo, se tiene una necesidad natural de compartir el exceso de fortuna o ese conocimiento transformador con sus amigos, o amados, o vecinos del mundo en general. Es la naturaleza primitiva.

Es también por eso que usted desea compartir quién y qué es usted en forma humana con el **Sr.** o la **Sra. Pareja Ideal**. A esto sigue que el **Sr.** o la **Sra. Pareja Ideal** ahora se está enfrentando con esa misma necesidad primitiva dentro de él. Usted, como la Fuente Primaria, ya no está solo. Y hay más de un **Sr.** o la **Sra. Pareja Ideal.** para compartir con usted lo que tiene que ofrecer.

Así que séalo.

Capítulo 30

Usted crea
su realidad diaria

A las muchas organizaciones alrededor del mundo que crean y apoyan grupos de "víctimas" y de "derechos de víctimas" les espera una sorpresa. *No hay víctimas.*

No ocurre en el universo o en esta tierra un incidente, violento o no violento sin que haya dos o más partes involucradas. Desde la perspectiva de un principio universal lo llamamos el Principio de la *invocación* y la *evocación*. Un partido de uno o más debe invocar y el otro partido de uno o más debe evocar. La naturaleza nunca se salta un latido en este intercambio equilibrado. El universo siempre mantiene una posición constante de cero estado. Un *más* uno también precipitaría de manera simultánea un *menos* uno, y por lo tanto regresa a un estado cero. Un más cinco o más también precipitará de manera simultánea un menos cinco o más para mantener siempre a todo el universo en una posición suspendida de cero estado.

No es posible que exista una víctima sin el victimario, y lo opuesto también es verdad. No es posible un victimario sin una víctima.

Ya que uno siempre crea su propio estado de atracción o repulsíón, uno nunca puede ser una víctima impotente. Si usted es lo que se denomina como victimizado, es porque usted lo ha causado. Era el estado de su mente o de su cuerpo, su temor o su necesidad de emoción lo que causó ese robo, la violación o el asesinato. Usted invocó y el victimario evocó en la misma manera en que la persona abusada invoca abuso a través de su necesidad de más emoción física, emocional o mental.. El *temor* lleva una carga muy poderosa de atracción. Usted puede atraer un evento muy atemorizante sencillamente por enfocar y cultivar ese temor.

Yo personalmente conocía a una dama muy hermosa que tenía varios Cadillacs rosados y ganaba un inmenso ingreso mensual. Ella tenía un hogar inmenso en la zona de Monte Olimpia cerca de Los Angeles. Tenía una treintena de años, esbelta, atractiva e inteligente. Sin embargo albergaba el temor de ser violada. Esto era acentuado de manera muy fuerte por la presencia del "Estrangulador de Los Ángeles", quien ya había dejado una larga lista de "víctimas" de violación y asesinato en la zona de Los Ángeles.

La última vez que hablé con ella me confió que su temor de ser violada era tan fuerte que se mudaría a Dallas, Texas, y que estaba construyendo un hogar allá para ella y su hija.

Varios meses después me enteré que mientras estaba en Dallas, había ido de compras en un centro comercial inmenso y que había sido *violada y asesinada*.

Se podría decir que había sido victimizada, pero cuando escuché las tristes noticias, supe que sencillamente el principio universal había seguido su curso. *Su temor había creado su violación y su asesinato.* Ella creó esa realidad al enfocarla de manera tan fuerte en su propia vida y al acentuarla a través de su miedo excesivo.

Como uno de mis grandes maestros me enseñó, y a muchos más, nunca hay víctimas, siempre creamos nuestras propias realidades felices o tristes.

Es por eso que le pido a todos mis lectores y participantes en los talleres y seminarios que sean conscientes de cómo utilizan sus mentes y sentimientos para enfocar dentro de sus vidas. Uno crea su propia realidad dulce o amarga. Su libre albedrío es absoluto.

Capítulo 31

El galanteo comienza
al primer contacto

*E*n este punto, sencillamente a través del enfoque ganado por leer este libro y absorber la información ya recibida, su contacto interno con el **Sr.** o la **Sra. Pareja Ideal** ha comenzado. *El galanteo comienza al primer contacto.* Usted puede examinar los pensamientos y sentimientos que ahora siente, sus esperanzas y su emoción con sólo pensar en el **Sr.** o la **Sra. Pareja Ideal** entrando en su realidad física, y saber que el **Sr.** o la **Sra. Pareja Ideal** probablemente siente y piensa acerca de esos mismos sentimientos elevados. *¡Similares se atraen!*

Adéntrese en usted mismo y observe cómo se siente ¿Se acelera su pulso al pensar en que el **Sr.** o la **Sra. Pareja Ideal** mira dentro de sus ojos y le dice que él o ella le ama? ¿Anhela usted su caricia, su abrazo cálido, tal vez fuerte, o tal vez tierno? ¿Puede imaginar cómo se sentirá al estar con alguien a quien le gusta lo que a usted le gusta, que aprecia su individualidad singular, ama "la forma en que usted es?". ¿Anhela lanzar un ramo de flores mentalmente al **Sr.** o la **Sra. Pareja Ideal**, o un beso mental largo, sensual y excitante? Si esto es así, ¡es probable que él o ella estén pasando por el mismo galanteo mental también!

Este gran cortejo con el **Sr.** o la **Sra. Pareja Ideal** crecerá en su realidad dimensional. Usted "siempre" se convierte en lo que *conoce*. Es así como cada uno de nosotros se expande y crece de manera constante. Entre usted más *sepa* acerca de cómo hacerle la corte o atraer al **Sr.** o la **Sra. Pareja Ideal**, más real se convertirá este "evento en el tiempo". Su dinámico "intento en el tiempo" *lo invoca*. El *principio universal* del poder de la invocación y evocación empieza a trabajar para usted de inmediato.

Desde otro punto de vista, no podemos dejar de enfatizar o repetir esto: ¡el universo siempre se reorganizará para acomodar *su* imagen de la realidad! Y una última vez por ahora ¡el universo siempre se reorganizará para acomodar *su* imagen de la realidad! ¿No es esto un conocimiento fantástico? Es la clave para cambiar cualquier cosa y todo lo que a usted no le guste *en su mundo* o lo que sea que le plazca... *¡así es como los dioses deben vivir en la tierra!*

Usted puede comenzar en este momento la visión de lo que será hacer la corte o ser cortejado por el **Sr.** o la **Sra. Pareja Ideal**, y sencillamente "sostener la imagen". Queda a partir de ese momento sujeta a un universo que reorganiza la imagen exacta (o tan exacta como *usted* lo permita) de nuestro mundo material.

Imagine con emoción fuerte lo que usted podrá decir o lo que el **Sr.** o la **Sra. Pareja Ideal** dirá en su primer encuentro. Imagine cómo se sentirá en su corazón y alma, y en su cuerpo con un corazón que late, cuando ustedes se toquen de forma física y ambos sepan que han encontrado a su **Sr.** o la **Sra. Pareja Ideal**. Imagine lo suave y lo elevado espiritualmente que será compartir sus momentos de vida, cada día lleno de dulzura con el **Sr.** o la **Sra. Pareja Ideal**, y después enfocar e imprimir de forma indeleble en su mente y en su cerebro todo lo que usted piense y sienta acerca del acercamiento de su **Sr.** o la **Sra. Pareja Ideal.**

Recuerde ¡su creación de cualquier cosa no puede exceder su *claridad* de lo que está a punto de crear! De la misma manera, una máquina copiadora o reproductora puede tan sólo hacer una copia o imagen material del material que está copiando. No puede superarlo. Por lo tanto, es muy sabio crear en su mente la mejor imagen y la más clara de la realidad que usted desea crear para usted mismo. La imagen que usted pinte del **Sr.** o la **Sra. Pareja Ideal** *es lo que usted obtendrá,* ¡así que hágala bien!

Capítulo 32

¿Está usted listo para el
Sr. o la Sra. Pareja Ideal?

$\mathcal{S}$i usted no está listo para tener al **Sr.** o la **Sra. Pareja Ideal** en su vida, él o ella sentirá rechazo. Eso también funciona en ambas direcciones; su **Sr.** o **Sra. Pareja Ideal** actual no estará listo para usted.

Ya que *hay más de un Sr. o Sra. Pareja Ideal* para cada uno, cuando usted se sepa listo, el **Sr.** o la **Sra. Pareja Ideal** en particular que es adecuado para usted también estará listo *en su momento*.

Lo que evita que muchos individuos estén listos para conocer a su "alguien especial" es o bien una falta de autovalidación o una falta de autoestima. Y existen, por supuesto, algunas almas poco comunes que ya han despertado al conocimiento de que la vida es un juego, y quienes de manera deliberada escogen jugar el juego de los compañeros múltiples, que desean continuar experimentando con una variedad de relaciones. Algunos de estos individuos seleccionarán de manera consciente jugar el juego de los compañeros múltiples durante toda la vida, y otros resolverán seguir jugando con compañeros múltiples durante toda su vida, y otros decidirán jugar con compañeros múltiples en "encuentros de una noche" e interludios breves de compartir el ser con un compañero hasta que sientan la necesidad de "asentarse" con el **Sr.** o la **Sra. Pareja Ideal**.

Los hombres, debido a su naturaleza, tienen más inclinación a jugar con parejas múltiples que las mujeres. A ellos les gusta tener muchas posesiones, mientras que el anhelo mayor de una mujer es el amor. Un hombre se siente más satisfecho cuando posee muchas propiedades materiales que incluyen un harem de mujeres facilmente disponibles.

Una mujer anhela y busca en su entorno por un "¡gran amor!". Ella busca al **Sr. Pareja Ideal**, quien es un hombre que satisface su fantasía de ser amada mucho por un hombre perfecto. Es más probable que ella esté lista por el **Sr. Pareja Ideal** en todo momento. Las mujeres tienen la tendencia a buscar la verdadera espiritualidad antes que el hombre. Por lo tanto, sienten la necesidad de estar con un hombre igualmente espiritual. Siempre hubo una preponderancia de mujeres en muchas conferencias y seminarios acerca de almas gemelas que dicté en los Estados Unidos. Una mujer quiere ser amada ¡y yo he amado muchas en mi vida! Personalmente siento que las mujeres son muy fáciles de amar. Ellas ciertamente me hacen sentir feliz de ser un hombre.

Eso nos trae otra razón por la que algunos individuos no están listos para el **Sr.** o la **Sra. Pareja Ideal**: no están polarizados con fuerza en su género. No son homosexuales o lesbianas pero sienten un deseo pequeño de explorar un encuentro sexual ligero con alguien de su propio género. En ese caso, hasta que ese tema se resuelva, él o ella no estará listo para el **Sr.** o la **Sra. Pareja Ideal**.

Para hacer que el principio de la polaridad masculina/femenina funcione, usted debe *conocer* y sentir como un hombre si es un hombre, y debe *conocer* y sentir como una mujer si es una mujer. Si no, la carga eléctrica "estoy disponible" no es fuerte. La mujer muy femenina o el hombre muy masculino emana feromonas, una clase de hormonas aéreas que señalan que él o ella esta disponible para el género opuesto.

Cuando usted personalmente está listo para el **Sr.** o la **Sra. Pareja Ideal** usted despedirá enormes cantidades de feromonas aéreas que guiarán al **Sr.** o la **Sra. Pareja Ideal** hacia usted. Al mismo tiempo el **Sr.** o la **Sra. Pareja Ideal** estará haciendo lo mismo y le estará atrayendo a usted hacia él o ella. ¡Así es como la naturaleza trabaja!

¿Está usted listo para el Sr. o la Sra. Pareja Ideal?

Capítulo 33

La comezón
del séptimo año

$\mathcal{S}$i se hiciera un buen estudio de investigación, mostraría que alrededor del sexto o séptimo año de matrimonio ocurren más divorcios o que parejas dentro del matrimonio responden a la "comezón del séptimo año" y están buscando un poco de excitación nueva con una persona por fuera del matrimonio.

El fenómeno está más centrado en la cultura moderna u occidental en este momento en la tierra, en donde la mayoría de nuestras relaciones están en un ciclo de siete años.

Esto no significa que tome siete años adquirir la comezón para disfrutar de una aventura por fuera del matrimonio. Por lo general ocurre cada tres o cuatro años en una relación y puede suceder aún en lo que parece un matrimonio muy estable. Toma entonces un promedio de otros cuatro años de falta de satisfacción matrimonial para salir de matrimonio o de la relación.

Un factor que entra en la ecuación es tener reglas religiosas que dicen que usted no se puede divorciar; de lo contrario, las relaciones o los matrimonios se disolverían cuando uno de los compañeros está listo para seguir adelante. Esto se debe a que nuestros *genes* nos atrajeron a una relación y sencillamente no tiene suficiente carga para durar toda una vida.

Así que he hecho un esfuerzo para que ustedes comprendan sus genes y conozcan las formas de superar sus códigos ADN y sepan que *¡ustedes son más grandes que sus cuerpos!* Usted y el **Sr.** o la **Sra. Pareja Ideal** pueden comprender de dónde proviene esa comezón fascinante y perturbadora y puede de manera consciente elegir superarla.

Usted puede cargar sus propios genes con una carga eléctrica suficientemente poderosa que soportará un matrimonio o una relación durable, expansiva, de toda una vida. Cuando la comezón se presenta, si lo hace, usted puede sofocarla, sabiendo de dónde proviene y que su amor y confianza mutua por el **Sr.** o la **Sra. Pareja Ideal** es lo más valioso para usted. Al mismo tiempo, el **Sr.** o la **Sra. Pareja Ideal**L quien se encuentra en su propio nivel de autoconocimiento y de autocontrol responderá de la misma manera a esa comezón cuando llegue. El individuo más "alto" o más desarrollado que siente más sensualidad en su cuerpo no tiene la necesidad de ser sexual, aún cuando una excitación sexual ocurra. Cuando usted ha decidido hacerse cargo de su vida, también estará a cargo de su maravilloso cuerpo. Sus genes no seguirán siendo el factor que controle las experiencias de su vida, lo hará *usted.* Nuestros conocimientos, cuando los aplicamos, *nos liberarán.*

Conocer la "comezón del séptimo año" le prepara a usted y al **Sr.** o la **Sra. Pareja Ideal**. Usted puede escoger de manera consciente el ignorarla y continuar así en su amor apasionado y creciente con el **Sr.** o **Sra. Pareja Ideal**.

Capítulo 34

¿Por qué aceptar menos
que un compañero perfecto?

$\mathcal{C}$omo ya mencionamos antes, hay entre cinco mil a seis mil millones de habitantes humanos en nuestra preciosa tierra, jardín verde de océanos azules. Una verdadera gema en los cielos. Hay suficientes hombres y mujeres para todos. Usted podría tener compañeros múltiples, todos ellos adecuados o perfectos para usted, si lo deseara, así que ¿por qué pensar en contentarse con menos?

Muchos matrimonios actuales en la tierra se apresuran en medio de la desesperación por cautivar un compañero o compañera a una edad muy temprana. Esos matrimonios que se realizan en desesperación apresurada pueden agriarse en pocos días, cuando no en horas, después de la ceremonia de matrimonio. Cuando lo hacen, y si la pareja no se separa o divorcia, vive una agonía debido a un matrimonio poco adecuado debido a que las costumbres religiosas o sociales así lo exigen. Y cuando los niños llegan, los niños se ven inmersos en una mar de infelicidad, en vez de crecer en una atmósfera naturalmente cálida, segura y amorosa de hogar ¿Quién necesita eso?

No hay prisa. Cuando usted está centrado, usted tiene todo el tiempo del mundo. El individuo de alma centrada tiene bastante tiempo. La persona centrada en su ego insiste en que todo se realice con un apresuramiento sin sentido. ¿A qué tipo pertenece usted?

Recuerde, cuando *usted conoce su juego* usted podrá jugarlo tanto tiempo y como lo desee. Su ego no estará involucrado. Usted hará lo que sea por divertirse y ser feliz.

En este punto, usted *debe saber* que si hay un **Sr.** o **Sra. Pareja Ideal** que es perfectamente adecuado para usted y que vale la pena esperar por ese momento adecuado para unir su vida con la de él o ella. Si usted acepta menos, es como "vender su alma".

Piense acerca de ello: ¿le gustaría que el **Sr.** o la **Sra. Pareja Ideal** aceptara algo menos que usted? Claro que no, si usted aprendió a amarse a sí mismo, usted invitará al **Sr.** o la **Sra. Pareja Ideal** a entrar a su vida, nadie debe acceder a menos.

Capítulo 35

La vulnerabilidad y la intimidad deben ser cultivadas

$\mathcal{N}$adie puede amar a otro individuo de manera completa hasta que "llegue a términos" con su vulnerabilidad y pueda, por lo tanto, compartir una intimidad completa con él o ella. Por lo tanto, en el proceso de desear una relación o un matrimonio perfecto con el **Sr.** o la **Sra. Pareja Ideal**, necesitamos cultivar nuestra vulnerabilidad de manera consciente.

Todos nosotros nos sentimos vulnerables, sencillamente porque ocultamos nuestra propia identidad divina. Tememos permitir a otros ver quiénes somos y lo que somos. También nos sentimos vulnerables cuando nos creemos poco dignos de la atención o de la amistad o del amor que otros quieran darnos. Esto significa que siente que si se acercan demasiado íntimamente a usted, ellos descubrirán su poco valor y en consecuencia le abandonarán. Si sus amados o amigos (o hasta la familia) sabe lo que usted piensa o siente en verdad, tal vez le rechazarán y por lo tanto escoge esconderse detrás de una pared densa de inseguridad.

Si en verdad usted quiere y está listo para que el **Sr.** o la **Sra. Pareja Ideal** entre en la corriente de su vida, necesita comenzar a trabajar ahora en ser más y más vulnerable...

Esto significa que usted debe atreverse a exponer lo que piensa, lo que siente, y quién y qué es usted, más y más. Puede comenzar con pequeñas cosas y aumentar hasta lo que considere sus mayores fallas. Sin embargo, la paradoja es que cuando usted derriba aún el muro más pequeño entre usted y otro, expone más de usted y le hace sentir aún más vulnerable. Pero, lo podrá hacer. Usted es más grande que su cuerpo, sus genes o sus emociones. El proceso de atravesar "la zarza ardiente" vale la pena, pues al final usted será en verdad capaz de *ser* amado y de *dar* amor, más allá de sus fantasías más elaboradas.

Sólo piense en lo bueno que será cuando pueda lograr ser totalmente "usted" bajo y en cualquier circunstancia de interacción con cualquiera, incluyendo al **Sr.** o la **Sra. Pareja Ideal.** ¿Ve la imagen?

Yo puedo decirle por experiencia personal que es exquisito. Usted no tiene que jugar los juegos sociales aburridos y poco interesantes que jugaba antes, porque lo que cualquiera ve, *es lo que obtendrá.* Usted es usted, no lo que la sociedad, o su familia, o su iglesia, o sus amigos, o sus compañeros de negocios o sus amantes dicten que debe ser. Usted puede dejar toda falsedad, dejar caer todas las "máscaras" que tuvo que utilizar para evitar que otros supieran lo que era en realidad. Usted ha tomado su dignidad humana e inmenso poder. Es el emperador o emperatriz de su reino y tiene control absoluto de sus dominios. El universo espera implementar cualquier aventura emocionante que escoja en un momento dado. Y todo esto debido a que se tomó el tiempo en forma consciente e hizo un esfuerzo consciente de enfrentar, aceptar y borrar su vulnerabilidad y sustituirla con una habilidad saludable de ser *usted* de forma genuina e íntima.

Con anterioridad, casi todas las experiencias de su vida provenían de su maquillaje biológico o genético. El amor verdadero no puede ser experimentado a cualquier profundidad sencillamente porque sus genes no pueden suplir ese tipo de relación amorosa profunda y sostenida.

Cuando usted tiene que trascender su vulnerabilidad y está capacitado para tener una profunda intimidad con usted mismo y con todos los demás, sentirá y llevará a su alrededor una tierna vibración. Podrá sentir y saborear a ese ser tierno que ha descubierto tan dolorosamente y que ahora ama tanto. La experiencia es como lo que experimenta la ostra cuando un grano de arena le ocasiona una irritación tan constante. Al final, es dueña de una perla brillante de magnífica belleza. El *usted* que ha descubierto por derribar los muros o develar los velos que le rodeaban es más brillante que mil soles y diez mil veces más hermoso que esa brillante perla blanca o rosada.

Usted sólo podrá tocar y sentir genuinamente las profundidades del amor del **Sr.** o la **Sra. Pareja Ideal** cuando usted sea íntimamente usted a través de superar sus vulnerabilidades.

El momento para trascender la masa de neuronas que funciona a partir de "estallidos" eléctricos y químicos está aquí ahora. Su motivo es poder disfrutar de la vida con el **Sr.** o la **Sra. Pareja Ideal** hasta las profundidades de su ser y cuando usted tenga éxito en retirar los velos o los muros de vulnerabilidad, usted se atreverá a ser tan íntimo como lo desee con el **Sr.** o la **Sra. Pareja Ideal**.

Tome el tiempo para conocer y sentir ese profundo sentimiento de ternura dentro de su cuerpo y alma. Atrévase a ser vulnerable. Atrévase a estar desnudo en su cuerpo y alma.

Una de las cosas buenas que ocurren cuando dos personas toman la decisión de "dormir juntas" o de ser sexual la una con la otra es que por lo menos pasan a través de la experiencia de atreverse a exponer un cuerpo desnudo para que prepare a la persona para la valentía de enfrentarse a aún más ventanas de oportunidades para develar o descubrir otras vulnerabilidades personales aún si el enlace sexual ocasional fue una desilusión.

Mientras tanto, a medida que usted se enfrente y se atreve a estar más y más expuesto o vulnerable, su **Sr.** o **Sra. Pareja Ideal** estará atravesando por retos similares ya que él o ella es una imagen en el espejo de usted.

Capítulo 36

El Sr. o la Sra.
Pareja Ideal es una imagen
exacta de usted en el espejo

$\mathcal{T}$ómese el tiempo para ver tanto al espejo físico como al espejo mental. ¿Le gusta el reflejo que le devuelve? ¡Mejor que así sea! Es con quién y con lo que el **Sr.** o la **Sra. Pareja Ideal** vendrá a unir su vida y su cuerpo, con *usted*.

EL **Sr.** o la **Sra. Pareja Ideal** es siempre una imagen exacta de usted. Él o ella será de una frecuencia número seis si usted lo es. Si él o ella es de una frecuencia número 220, usted será de una frecuencia número 220.

El punto que yo quiero aclarar es que todos tenemos una suma total de promedio vibratorio. No hay dos promedios vibratorios de ninguna cosa que sean exactamente iguales a los promedios vibratorios de otra. Hasta un sencillo grano de arena en todas las playas de todos los océanos, mares, lagos y ríos en la tierra es diferente de otro. Las facetas o rostros de cada uno ha sido erosionado de manera diferente y ha envejecido de manera diferente. Sin embargo, la arena siempre hará un movimiento giroscópico para estar con otra arena. Cada familia única dentro de la naturaleza encuentra familiaridad y asociación con otros miembros de esa familia, y el reino mineral no es una excepción. Es por eso que el oro se encuentra y se une con el oro, el cobre con el cobre, la plata con la plata, etc.

Durante una travesía que tomé a solas en un sendero de montaña de 4.000 años de antigüedad que conducía a la playa de Kauai, Hawaii, encontré una vista majestuosa. Crucé un campo de rocas más grandes que casas que habían rodado por miles hasta la playa. Seguido de manera abrupta por otro campo de rocas de un tercio del tamaño de las anteriores que seguía por cientos de metros más. Finalmente, para mi sorpresa, a medida que atravesaba llegué a otro campo reducido en tamaño, claramente demarcado por rocas más pequeñas, seguido por otros cientos de metros de *gravilla* que también terminaba de manera abrupta en la extensión de playa de arena dorada. Era obvio que un huracán u otra gran fuerza de la naturaleza había "clasificado" todos estos campos para que tamaño estuviera con tamaño similar. Me emocionó ese descubrimiento sorprendente. Sin embargo, me sorprendió y me desilusionó cuando años más tarde regresé a ese "Valle de la tribu perdida" como era llamado, y otro gran huracán había llegado y rodado todas esas grandes rocas hasta hacerlas desaparecer, tal vez dentro del océano. Pues habían desaparecido para ser reemplazadas por una extensión de playa de arena dorada.

El punto es que "similares atraen similares." Usted y el **Sr.** o la **Sra. Pareja Ideal** son diferentes de una manera única, sin embargo es la *imagen de espejo* más cercana posible para usted en cualquier momento del tiempo.

Si a usted no le gusta lo que ve en su espejo físico o en su espejo mental de su ser, *cámbielo*. La regla cardinal es que usted verá y amará lo que el **Sr.** o la **Sra. Pareja Ideal** ve y ama. Cuando usted se ama a sí mismo, el **Sr.** o la **Sra. Pareja Ideal** también se estará amando a sí mismo o a sí misma. Esa es una razón válida por la que usted necesita realizar y sentir un sentido de merecimiento de autovalor y autoamor.

¿Cómo amarse a sí mismo? Primero y antes que nada, aprenda a *conocer* que usted es un dios en carne humana. Todos los *dioses* son amados. En segundo lugar, comience a sentir, pensar y hacer cosas llenas de amor para usted mismo desde este momento. Sea amoroso, con todos los que usted conozca en este increíble sendero de la vida, y sobre todo con usted.

Por ejemplo, si usted ama su cuerpo, usted cuida de él. Si los genes y apetito de su cuerpo quieren comer comida chatarra, comidas procesadas, bebidas fuertes, y fumar cigarrillos, si usted ama su cuerpo le dirá *no* a cualquier exceso de lo anterior. Su fuerte "posición de no" dice más que mil palabras. Dice que usted ama su cuerpo.

La misma medida de su amor puede ser modificada para ser aplicada a cualquier cosa que usted seleccione. Si usted ama a alguien usted querrá vivir cerca de ellos. Su proximidad a un ser amado es un acto amoroso. Es una aseveración visible mucho mejor que cualquier verbalización de las palabras "te amo".

Si usted ama a las personas o a un **Sr.** o **Sra. Pareja Ideal**, no sólo se lo dirá sino que le demostrará su amor, sin pensar en lo que haga o deje de hacer.

No ser amoroso es un trabajo difícil, no es natural, ser un dios amoroso en la tierra en forma humana es fácil, ya que es su estado natural o primitivo.

El tipo de persona que usted ve en el espejo (o espejos) de la vida es la clase de **Sr.** o **Sra. Pareja Perfecta** que en este momento está adecuada para entrar en su vida diaria ¿Es la clase de persona perfectamente ideal para usted? Si no, usted no puede cambiar al SR. o a la SRA. PAREJA IDEAL, sólo puede cambiarse a sí mismo. Yo puedo darle un acuerdo *por escrito* acerca de eso. Sólo usted mismo puede acceder a cambiarse, y sólo usted puede hacerlo. Mire a la imagen que desea *ser* y deje que el universo *se reorganice para acomodar su imagen.*

Capítulo 37

Tenga un igual

*C*uando la Fuente Primitiva o Creador de todo ha decidido crearle a usted o a mí su "paquete de intención", el motivo era que nosotros involucionáramos hacia el vacío más oscuro de la materia y después ascendiéramos a través de un proceso de evolución para graduarnos con el tiempo en la escuela de la tierra *como un igual*, no como un inferior. No es divertido jugar o mezclarse socialmente con aquellos que son evidentemente inferiores de alguna manera. Usted y yo somos "dioses dormidos" que cuando se despiertan del todo pueden levantarse y encargarse de su reino personal. Así que, ¿por qué, cuando uno es un dios, consideraría usted en lo más mínimo vivir el resto de la vida en la tierra en forma humana con un dios que no está despierto del todo a su realidad como dios?

Los *maestros* en la vida caminan con *maestros*. Esto es debido a que aman y aprecian a un igual. Lo mismo sucede en cualquier campo o estadio de la vida. Aquellos que se convierten en cabezas de estado caminan con cabezas de estado. Aquellos que se convierten en magnates en el campo de los negocios caminan con sus semejantes. Aquellos que son cabecillas políticos caminan con sus semejantes. La lista es infinita, el punto sigue igual, se camina con sus semejantes.

La naturaleza clasifica con quién nos asociamos a través de las leyes primitivas de la atracción y el rechazo. El grupo de seres humanos que caminan hacia la luz, que se elevan mutuamente y aquellos que caminan alrededor de ellos se sienten atraídos de forma natural mutuamente y rechazan a aquellos que caminan hacia la oscuridad, mientras que aquellos que caminan hacia la oscuridad, rebajándose a sí mismos se atraen entre sí y rechazan a quienes caminan hacia la luz.

Es por eso que los criminales, o los de "vida baja", en nuestra familia humana "se frecuentan", y es por eso que la "élite" de la vida humana camina junta.

Sucede casi sin decirlo que los semejantes prefieren tener semejantes cerca. Por lo tanto, en sus viajes hacia el **Sr.** o la **Sra. Pareja Ideal**, camine con sus semejantes. Su compañía puede ayudar a elevarle o deprimirle.

Esto se aplica también a los encuentros sexuales. Si usted es un 10 y su "encuentro ocasional" o su pareja permanente es un 4, él o ella será elevado a un 7, y usted descenderá a un 7. Usted seguirá como 7 mientras siga teniendo intercambios en el "campo sexual" y de fluidos con él o ella.

Usted puede elevarse de manera gradual de nuevo hasta un 10 durante un período de tiempo. O, usted puede de manera repentina tener un enlace sexual con alguien que sea 10, lo que le elevaría a un 8.5 y hacer que su infortunada pareja descienda a un 8.5.

Cada vez que se encuentre con una persona, lugar o cosa, usted puede "equilibrar" la diferencia entre esa persona, lugar o cosa *en cada momento de su vida*. Es por eso que escribí uno de mis últimos libros, *Cuarto mental de espejos, una técnica de autoterapia*. Al caminar de manera *mental* a un cuarto lleno de espejos por todos lados, incluyendo el techo y el suelo, usted crea una situación "primitiva de reflejos" en donde puede de manera mental romper con *espejos del pasado* y recuperar la esencia que usted dio en cada encuentro con un padre, amante, amigo o cualquier figura del pasado.

Este proceso en reverso también funciona en este "cuarto mental de espejos" en donde usted libera la esencia que ahora carga en sus encuentros con un padre, amante, amigo o cualquier figura de su pasado. Usted puede romper todos los espejos infinitos que ve extenderse para siempre en su mente y lograr una liberación casi orgásmica de toda la basura que ha cargado. Cuando usted "da un paso atrás" de manera mental al "mundo real" se sentirá como una moneda de oro recién acuñada, o aún mejor.

Es su cuerpo, mente y espíritu, usted puede hacer lo que decida. Una persona sabia ciertamente escogerá caminar al lado de su semejante. Esto aplica al **Sr.** o la **Sra. Pareja Ideal** también. *Tenga un igual*.

Capítulo 38

*Su matrimonio soñado
es posible*

stá bien mirar atrás hacia su pasado *si no se queda mirando.* Y mirando atrás a mi pasado, yo me puedo contar como muy afortunado de haber sido capaz de ver a dos hermanos mayores y a una hermana tener experiencias de matrimonios ideales. Uno de ellos, hasta que mi cuñado falleció, podía fácilmente clasificarse como un matrimonio del **Sr.** o la **Sra. Pareja Ideal** o de "almas gemelas". El estado posterior idílico de matrimonio entre mi hermana y su marido fue un "matrimonio soñado" cada día hasta que Ben murió.

Esto preparó el escenario para mí, así que yo sabía que los "matrimonios celestiales" eran posibles, y que su matrimonio se convirtió en un modelo para mis propios matrimonios futuros. (por favor noten las letras "s" en las últimas palabras.) Desde entonces, he tenido más de un matrimonio. *Hay más de un Sr. o Sra. Pareja Ideal.* Sé que es un hecho a través de la experiencia personal.

Sin embargo, mirando al escenario del mundo, sobre todo en nuestro mundo occidental "moderno", es evidente que los malos matrimonios superan a los buenos por lo menos en cuatro a uno. Y los matrimonios soñados parecen ser un porcentaje mínimo.

Eso es triste. Yo preferiría mucho más ver matrimonios soñados para casi todos, y muy pocos, si alguno, malos matrimonios. Es por eso que de manera específica dirigí mis dos libros acerca de las almas gemelas, y este libro, a aconsejar y guiar a otros miembros de la familia hacia la creación y hallazgo de sus propios matrimonios soñados como los he tenido yo, *más de una vez*. Usted puede leer acerca de ello algún día en mi autobiografía (*Autobiografía de un inmortal*), de la que ya se han escrito 400 páginas.

Un matrimonio soñado es posible para usted y su propio **Sr.** o **Sra. Pareja Ideal**. De hecho es posible como anoté con anterioridad, sencillamente porque *usted se ha convertido en lo que enfocó*.

Un matrimonio soñado con un **Sr.** o una **Sra. Pareja Ideal** es sublime. Imagine estar cerca de alguien que es su igual y quien le ama y le aprecia tanto como usted le ama y le aprecia a él o ella. Imagine la posibilidad de ser usted de manera completa. Qué sentido de libertad le dará eso a su alma. Qué emoción, qué sensación en su cuerpo. Qué felicidad estar vivo.

Un matrimonio soñado va más allá de sus fantasías. Es un placer tan grande pasear de la mano, a través de la espesura, o sobre la arena de una playa tropical, o en los tranquilos caminos campestres o en las noches con el **Sr.** o la **Sra. Pareja Ideal**.

En un matrimonio soñado los dos se unen en cuerpo y alma como uno. Ustedes pueden ir tras de diferentes campos de interés, pero su interés principal será siempre crear un destino lleno de diversión *juntos*.

Ustedes pueden ahorrar y planear viajes juntos llenos de diversión a tierras exóticas. Pueden soñar cualquier sueño que escojan y cuando dos están unidos como uno en pensamiento, el objetivo se convierte pronto en una realidad materializada.

Siempre habrá un aura llena de canción y de vibración alrededor del matrimonio del **Sr.** o la **Sra. Pareja Ideal**. Un matrimonio soñado mantiene saludable, más jóvenes y más felices de lo normal a los dos integrantes.

Uno de los principios que le acelerarán en su camino hacia la materialización de un matrimonio soñado con el **Sr.** o la **Sra. Pareja Ideal** es la energía combinada del deseo de que así sea.

Agrégueme a esa lista y no tendrá uno, ni dos, sino *tres* espíritus humanos soñando en *alcanzar las mismas metas gloriosas de un matrimonio con el Sr. o la Sra. Pareja Ideal.*

Esto significa que un *cubo* directo de 3, o *el poder de nueve personas,* ahora está trabajando para hacer de su matrimonio soñado una pronta realidad. Tres veces tres es *nueve.* Usted, el **Sr.** o la **Sra. Pareja Ideal** y yo, nosotros tres, *nosotros nueve.*

Y ya que mi dirección de correo está incluido en este libro, por favor, escríbame y dígame las buenas noticias. Yo compartiré la felicidad de estar con el **Sr.** o la **Sra. Pareja Ideal** *con usted.* Ojalá sea muy, muy pronto.

Capítulo 39

Hay más de un
Sr. o Sra. Pareja Ideal

sta ha sido una travesía mental a la conciencia con usted muy divertida. Espero que haya sido igualmente divertida para usted. Si es así, comparta su conocimiento con otros que lo necesiten.

Sólo tengo una tarea final y es reforzar lo que el título de este libro ha dicho desde el principio de nuestra travesía juntos: *hay más de un Sr. o Sra. Pareja Ideal. Usted lo puede encontrar a él o a ella.*

El **Sr.** o la **Sra. Pareja Ideal** espera, deseando, anhelando, cuando no sufriendo por estar con usted en este momento. Hay un **Sr.** o **Sra. Pareja Ideal** para usted, así como hay en mi vida en este momento una **Sra. Pareja Ideal** en este momento. Tenemos un hijo de 6 años, John Mathew Michael.

Vaya en su busca.

Estaré esperando escuchar de usted, esperando que el universo les bendiga tanto a usted como al **Sr.** o la **Sra. Pareja Ideal** *a lo largo de este camino lleno de diversión.*

EL INICIO

Apéndice

Mi meta al escribir este libro es guiarle a usted en la materialización del **Sr.** o la **Sra. Pareja Ideal** en su vida. Para algunos de ustedes sólo tomará horas o días después de leer este libro, sencillamente porque estarán tan cargados y enviarán tantas feromonas que el **Sr.** o la **Sra. Pareja Ideal** se apresurará a sus brazos. *Usted está listo para el Sr. o la Sra. Pareja Ideal.*

Para otros, puede tomar más tiempo; semanas, meses, años, o posiblemente décadas, pues tal vez tanto usted como el **Sr.** o la **Sra. Pareja Ideal** arreglaron sus propios horarios juntos antes de convertirse en encarnaciones humanas. Sencillamente tenga la certeza de que si usted lo desea con intensidad, puede utilizar los pasos y técnicas esbozadas en este libro *para que así sea.* Usted crea su propio destino por lo que hace y por lo que no hace. Ahora está "equipado por completo" y esperamos "cargado" para alcanzar su objetivo.

Repito, por favor escríbame y dígame en donde está el **Sr.** o la **Sra. Pareja Ideal** en su vida. Sí, esta es una de mis traducciones internacionales. Sólo leo inglés así que por favor escríbame en inglés. Gracias. Luz, amor, felicidad, salud y fortuna sin límite. *El universo está aquí para servirle. También yo.*

Mi dirección es:

> Russ Michael,
> P.O. Box 654,
> Virginia Beach, Virginia 23451,
> U.S.A.

P.D.   Espero que busque y lea algunos de mis otros
libros.

MICHAEL

Bibliografía

Algunas otras fuentes de gran conocimiento

EL MATERIAL PHILLIP, Celebración del ser, P.O. Box 65870, Tucson, AZ; (520) 577-8635, Paseando feliz por el Universo, libro, y periódico y cientos de cintas muy informativas.

EL MATERIAL SETH, por Jane Roberts – varios editores.

VELOCIDAD DE LA LUZ (periódico gratis), Earth Mission Publishing, P.O. Box 950 # 0432 Kihei, HI 96753; 808-874-5653. Muchas cintas, videocintas, libros y seminarios.

ALICE A. BAILEY, libros, Lucis Trust, Nueva York, Londres.

UN TRATADO DE FUEGO CÓSMICO, Alice A. Bailey, Lucis Trust, Nueva York, Londres.

LA DOCTRINA SECRETA, Madam Blavatsky.

ISIS DEVELADA, Madam Blavatsky.

RAMTHA por Ramtha, Sovereignity, Inc, Box 926, Eastsound, WA 98245.

LAS TRASMISIONES STARSEED, Ken Carey, Uni*Sun, P.O. Box 25421, Kansas City, MO 64119.

VISION, Ken Carey, Uni*Sun, P.O. Box 25421, Kansas City, MO 64119.

VERDADES UNIVERSALES, Wayne y Wanda Cook, P.O.Box 2449, Prescott, AZ 86302; 602-778-5039.

EL SECRETO DE LA LUZ, Walter Russel, W.R.Foundation, Swannanoah, Waynesboro, VA.

TRAVESÍAS LEJANAS, Robert Monroe, Doubleday.

2150 A.D., Thea Alexander, Macro Society, P.O. Box 26582, Tempe, AZ 85282; 602-991-2229.

AUTOBIOGRAFÍA DE UN YOGI, por Yogananda, Self Realization Fellowship, 3880 San Rafael Avenue, Los Angeles, CA 90065.

LIBROS DE EDGAR CAYCE, por muchos autores y editores al igual que por la Association for Research and Enlightenment, Virginia Beach, VA 23451.

MISTERIOS, ANTIGUOS Y MODERNOS, Sai Grafo, Sterling Publishers, India.

PODER SÍQUICO Y CONCIENCIA DEL ALMA, Korra Deaver, Ph.D., Hunter House, Alameda, CA.

OTROS LIBROS DEL DR. RUSS MICHAEL

Russ Michael, **Encontrando su alma gemela**, Samuel Weiser, Inc, 1992

Russ Michael, **Su alma gemela llama**, New Dawn Publishing, 1997

Russ Michael, **Zona de los muertos**, Russ Michael Books, 1998

Russ Michael, **El nacimiento de la tierra como una estrella**, *Russ Michael*, Books, 1998

Russ Michael, **Cuarto mental de espejos**, **técnica de autoterapia**, Russ Michael Books, 1998

Russ Michael, **Buscando a su pareja ideal**, Russ Michael Books, 1998

Russ Michael, **Organismos basados en la Tierra, la clave de la supersalud**, Russ Michael Books, 1998.

Russ Michael, **Cuando DIOS habla, yo escucho**, Russ Michael Books, 1998.

Russ Michael, **Principios universales**, Libro 1, Russ Michael Books, 1998

Russ Michael, **Principios universales**, Libro 2, Russ Michael Books, 1998

Russ Michael, Principios universales, Libro 3, Russ Michael Books, 1998

OTROS LIBROS

Espere nuevas publicaciones. Doce libros con derechos de autor propiedad de Russ Michael que en la actualidad están agotados, saldrán en nuevas ediciones muy pronto. Algunos ya han sido editados varias veces.

Cursos prácticos sobre prosperidad

Invitamos a los lectores que deseen profundizar aún más sobre estos principios y asistir a talleres sobre Prosperidad, acercarse al Centro Prosperar en la Avenida 28 con No. 37-71 en Bogotá, Colombia. Pueden pedir información a los teléfonos 368 7793 - 368 7797 - 368 7805 y en la pagina web: www.prosperar.com.

En USA, pueden dirigirse directamente al autor del libro, Jim Rosemergy, PO Box 2113, Lee´s Summit, MO 64063

Liberación y perdón

Todos estamos atados a cadenas invisibles, liberarnos de ellas es un proceso que requiere orientación, lucha, pero ante todo... Amor.

Construyendo mi destino

Proyecte su destino a partir de su presente, con sus talentos y su amor, con prosperidad y felicidad.

Crecimiento personal

El secreto de los líderes que han transformado al mundo, ha sido empezar por su propia transformación, aún en las situaciones más adversas.

Yoga

El método milenario que le permite combatir el estres y la ansiedad, evitar futuras enfermedades, lograr una mejor concentración y un óptimo desarrollo de sus capacidades espirituales, mentales y corporales.

Para volver a ser humano

Un método teórico - práctico que integrará la mente, el cuerpo y el espíritu para canalizar su energía positiva.

Los arquetipos del tarot

Aprenda a interpretar el tarot: un medio legendario de predecir su futuro y de orientarlo en la toma de decisiones.

Feng Shui

El arte ancestral Chino que armoniza el espacio donde usted vive y trabaja, trayéndole bienestar, felicidad, prosperidad material y salud entre otras cosas.

Cursos de prosperidad

¡Los más efectivos programas que han ayudado a miles de personas a triunfar en la vida!.

Otros Libros Editados por Prosperar

URI GELLER, SUS PODERES MENTALES Y COMO ADQUIRIRLOS
Juego de libro, audiocasete y cuarzo
Autor: Uri Geller

Este libro revela cómo usted puede activar el potencial desaprovechado del cerebro, al mejorar la fuerza de la voluntad y aumentar las actividades telepáticas.
Además, explica cómo usar el cristal energizado y el audiocasete que vienen junto con el libro.

Escuche los mensajes positivos de Uri mientras le explica cómo sacar de la mente cualquier pensamiento negativo y dejar fluir la imaginación. El casete también contiene una serie de ejercicios, especialmente creados por Uri Geller para ayudarle a superar problemas concretos.

EL PODER DE LOS ANGELES CABALISTICOS
Juego de libro y videocasete
Autor: Monica Buonfiglio

Esta obra es una guía muy completa para conocer el nombre, la influencia y los atributos del ángel que custodia a cada persona desde su nacimiento.

Incluye información sobre el origen de los ángeles. Los 72 genios de la cábala hebrea, el genio contrario, invocación de los espíritus de la naturaleza, oraciones para pedir la protección de cada jerarquía angélica y todo lo que deben saber los interesados en el estudio de la angeología.
Ayuda a los lectores a perfeccionarse espiritualmente y a encontrar su esencia más pura y luminosa. En su primera edición en Brasil en 1994, se mantuvo entre la lista de los libros más vendidos durante varios meses.

ALMAS GEMELAS
Aprendiendo a Identificar el amor de su vida
Autor: Monica Buonfiglio

En el camino en busca de la felicidad personal encontramos muchas dificultades; siempre estamos sujetos a los cambios fortuitos de la vida. En este libro Monica Buonfiglio aborda con maestría el fascinante mundo de las almas gemelas.

¿Dónde encontrar su alma gemela, cómo reconocerla, o qué hacer para volverse digno de realizar ese sueño? En este libro encontrará todas las indicaciones necesarias, explicadas de manera detallada para que las ponga en práctica.

Lea, sueñe, amplíe su mundo, expanda su aura, active sus chakras, evite las relaciones kármicas, entienda su propia alma, para que, nuevamente, la maravillosa unidad de dos almas gemelas se vuelva realidad.

CÓMO MANTENER LA MAGIA DEL MATRIMONIO
Autor: Monica Buonfiglio

En este texto el lector podrá descubrir cómo mantener la magia del matrimonio, aceptando el desafío de convivir con la forma de actuar, de pensar y de vivir de la otra persona.

Se necesita de mucha tolerancia, comprensión y poco juzgamiento.

Para lograr esta maravillosa armonía se debe aprender a disfrutar de la intimidad sin caer en la rutina, a evitar que la relación se enfríe y que por el contrario se fortalezca con el paso de los años.

Los signos zodiacales, los afrodisíacos y las fragancias, entre otros, le ayudarán a lograr su fantasía.

MARÍA, ¿QUIÉN ES ESA MUJER VESTIDA DE SOL?
Autor: Biba Arruda

La autora presenta en este libro las virtudes de la Virgen María. A través de su testimonio de fe, entrega y consagración, el lector comprenderá y practicará las enseñanzas dejadas por Jesucristo.

La obra explica cómo surgió la devoción de los diferentes nombres de María, cuáles han sido los mensajes que Ella ha dado al mundo, cómo orar y descubrir la fuerza de la oración, el porder de los Salmos y el ciclo de purificación; todo ello para ser puesto en práctica y seguir los caminos del corazón.

En esta obra, María baja de los altares para posarse en nuestros corazones. Mujer, símbolo de libertad, coraje, consagración, confianza, paciencia y compasión.

PAPI, MAMI, ¿QUÉ ES DIOS?
Autor: Patrice Karst

Papi, mami, ¿qué es Dios?, es un hermoso libro para dar y recibir, guardar y conservar. Un compañero sabio e ingenioso para la gente de cualquier religión.

Escrito por la norteamericana Patrice Karst, en un momento de inspiración, para responderle a su hijo de siete años la pregunta que tantos padres tienen dificultad en contestar.

En pocas páginas ella logró simplificar parte del material espíritu-religioso que existe, y ponerlo al alcance de los niños, para que entiendan que a Dios tal vez no se le pueda conocer porque es un Ser Infinito, pero sí sentir y estar consciente de su presencia en todas partes.

MANUAL DE PROSPERIDAD
Autor: Si-Bak

Así como se aprende a hablar, a caminar y a comer, cosas muy naturales en nuestro diario vivir, de igual forma hay que aprender a prosperar. Esto es posible para toda las personas sin disculpa alguna.

Para ello debemos intensificar la fe, la perseverancia y la práctica de un principio que nos conduzca por el camino de la prosperidad. Y es esto lo que enseña el "Manual de Prosperidad", el que, de manera sencilla y práctica, coloca en manos del lector reglas, conceptos y principios que le permiten encaminarse en el estudio práctico de la prosperidad y entrar así en su dinámica.

PARÁBOLAS PARA EL ALMA
"Mensajes de amor y vida"
Autor: Yadira Posso Gómez

En este libro encontrará mensajes que han sido recopilados a partir de comunicaciones logradas por regresiones hipnóticas.

La doctora Yadira Posso y su hermana Claudia, han sido elegidas para recibir mensajes de la propia voz de "El Maestro Jesús", a través de procesos de regresión en los que Él se manifiesta por medio de Claudia, quien sirve de médium.

Usted encontrará en esta obra hermosas parábolas para su crecimiento interno y desarrollo personal.

CON DIOS TODO SE PUEDE
Autor: Jim Rosemergy

¿Cuántas veces ha sentido que las puertas se le cierran y queda por fuera del banquete de la abundancia de la vida? ¿Quizás necesitaba un empleo, un préstamo, un aumento de sueldo, un cupo en el colegio o la universidad, o simplemente disponer de más dinero, tiempo, amor, y no se le había dado?¿Se ha preguntado por qué a otros sí, y no a usted?

¿Sabe usted que este universo ha sido creado con toda perfección, y que el hombre tiene el poder de cambiar su vida, dejando que ésta sea un paraíso o un infierno?

Leyendo este libro usted entenderá la manera como puede utilizar su poder para tener acceso a todas las riquezas de este universo. El poder está dentro de usted, y es cuestión de dejarlo actuar. Cuando usted está consciente de la relación que debe tener con el Creador, todas las cosas que desee se le darán, por eso decimos que "con Dios todo se puede".

CÓMO ENCONTRAR SU PAREJA IDEAL
Autor: Russ Michael

¿Busca su pareja ideal? Si es así, este libro está hecho especialmente para usted.

Léalo y descubra la dinámica interna y externa que mágicamente aflora cuando dos seres se reconocen como almas gemelas. La pareja ideal se ama y acepta mutuamente sus cualidades e imperfecciones, libre de egoísmos e intereses personalistas y construye, momento a momento, día a día, una vida plena y autorrealizada, salvando los obstáculos inherentes al diario vivir.

Su autor, Russ Michael le ayudará a descubrir qué y quién es usted en verdad y a quién o qué necesita para realizarse y lograr la felicidad, y cómo aumentar su autoestima y magnetismo para ser una persona de éxito. Sea un espíritu libre y viva cada momento de su preciosa vida dando y recibiendo amor. Usted merece ser feliz.

MI INICIACIÓN CON LOS ÁNGELES
Autor: Toni Bennássar - Miguel Ángel L. Melgarejo

Este libro es una recopilación de los misteriosos y fascinantes encuentros que Miguel Ángel Melgarejo y un grupo de jóvenes tuvieron con ángeles en el Levante de la Península Ibérica.

El periodista Toni Bennássar resume los encuentros de Miguel Ángel siendo aún un adolescente y posteriormente como adulto hasta culminar con su iniciación en el monte Puig Campana, donde estuvo en contacto permanente con los ángeles por un lapso de 90 días, recibiendo mensajes de amor, sabiduría y adevertencia para la humanidad.

Ya sea usted amante de los ángeles o no, este libro colmará su interés y curiosidad por los apasionantes sucesos que aquí ocurren.

CUANDO DIOS RESPONDE:
¿Locura o misticismo?
Autora: Tasha Mansfield

En este libro magistral, usted conocerá la historia vivencial de la reconocida psicoterapeuta norteamericana Tasha Mansfield, quien tras afrontar una inesperada y difícil enfermedad, que la postró en cama por siete años, encontró la sanación física y el despertar espiritual.

Antes, durante, y después de la enfermedad, una voz celestial la fue guiando para tomar actitudes correctas y atraer la ayuda necesaria.

Tasha Mansfield comparte igualmente una serie de ejercicios y meditaciones para expandir el nivel de conciencia, atraer paz, y obtener una vida más plena y feliz.